アイリスオーヤマ公認

電気圧力鍋 最強レシピ

著/阪下千恵

Contents

Part 1
毎日のらくらくごはん

Part 2
もっと食べたい
野菜おかず・スープ

Part 3
圧力調理だから
できるごちそう

この本のレシピ表記について

・計量単位は、1カップ＝200ml、大さじ1＝15ml、
　小さじ1＝5mlです。
・調味料類は、特に指定がない場合、しょうゆは濃口
　しょうゆ、砂糖は上白糖、塩は粗塩、酒は塩が入っ
　ていない清酒、バターは有塩を使用しています。
・野菜類など、特に記載がない場合、洗う、皮をむく、
　種やわたを取るなどの作業を済ませてからの工程を
　説明しています。

電気圧力鍋は2ステップ！
ほったらかしで料理ができます

便利な調理家電がどんどん出てきて、料理の作り方は変わりました。
料理を鍋にまかせてしまう、という選択があれば、日々のくらしがラクになりますよ。

Step 1 材料を鍋に入れる

火加減の必要がないから
失敗なし！
誰でも同じおいしさに作れます。

同じレシピでも料理の仕上がりに差が出てしまうのは、使う鍋の大きさや材質、火加減などのテクニックに個人差が出てしまうためです。電気圧力鍋なら、誰が作っても同じ味に完成！ 料理は苦手と感じている人でも、失敗なく作れます。

Step 2 調理モードを選んでスタート!!

調理の間、お風呂にも入れる！
くらしの中に
新たな時間が生まれます。

鍋をセットしたら完全に手が離れます。つまり、台所にいなくてもよいのです。お風呂に入ったり掃除をしたりしてもいいし、家族と過ごす時間にしてもいい。もちろん、もう1品料理を作っても。単純な時短ではなく、プラスの時間が生まれます。

いろいろな調理モードで、毎日のごはんが作れます

電気圧力鍋にできるのは圧力調理だけではありません。
手動メニューを使えば、煮ものや蒸しものなども簡単です。この本では、手動メニューで作るレシピをご紹介します。
何品か作ってみるとコツがつかめて、アレンジもできるようになりますよ。

温度調理

一定の温度で加熱する、鍋調理です。温度設定もでき、煮ものだけでなく、炒めもの風の蒸し煮や茶碗蒸し、野菜の煮びたしも作れるので、毎日のおかず作りがラクになります。

ごはんのすすむ
メインおかず
→P.9〜

野菜中心の
サブおかず
→P.47〜

蒸し調理

付属の蒸しプレートを使い、内鍋に水を入れて加熱します。蒸気で加熱するとしっとり、ふっくら。蒸し器がなくても手軽に蒸し料理が楽しめます。

魚や野菜が
食べやすくなる
→P.66〜

圧力調理

鍋を密封して圧力をかけるので、沸点が上がります。100℃より高い温度で調理ができるので、かたい素材も短時間でやわらかく！ かたまり肉や豆などの調理にはぴったりです。

ごちそうや
いつもと違う
一品を
→P.73〜

鍋モード

ふたを外した状態で加熱する、鍋調理です。弱火〜強火相当まで火力が調整できるので、鍋料理もできて便利。温度調理の後に煮汁を煮詰めることもできます。

みんなで食卓を
囲んで
→P.92〜

この本ではアイリスオーヤマの電気圧力鍋を使用しています

KPC-MAタイプ

| 2.2ℓ | 3.0ℓ | 4.0ℓ |

PC-MAタイプ

| 2.2ℓ | 3.0ℓ | 4.0ℓ |

PMPC-MAタイプ

| 2.2ℓ | 4.0ℓ |

※鍋の色は複数あります。

※KPC-MAタイプは家電量販店、PC-MAタイプはホームセンター、PMPC-MAタイプはアイリスプラザの通販サイトで主に販売されています。

どちらのタイプの鍋、容量でも、設定する調理時間は全て同じです。

鍋の操作方法などは、必ず付属の取扱説明書をよく読んでください。

本書のレシピは、3つの容量(2.2ℓ/3.0ℓ/4.0ℓ)全てに対応した材料表を掲載しています。

使う材料は同じですが、肉や野菜、調味料の分量などは、鍋の容量に合わせて調整しています。
レシピの人数分は、料理によって多少異なりますが、
2.2ℓタイプは1〜2人分、3.0ℓタイプは2〜3人分、4.0ℓタイプは4〜6人分できあがります。

| 2.2ℓ 1〜2人分 | 3.0ℓ 2〜3人分 | 4.0ℓ 4〜6人分 |

鍋の仕様など、詳しい情報はオフィシャルサイトをご覧ください。　https://www.irisohyama.co.jp/e-pressure-cooker/

全ての鍋に対応！
見るだけでわかるレシピのポイント

落としぶたを使ったほうが
おいしく作れるレシピに
マークをつけてあります。

※詳しい説明は下記の
「落としぶたについて」を
参照してください。

加熱調理にかかる時間の
目安です。沸騰までの時
間に差が出る場合があり、
実際の調理時間は多少
早まることもあります。

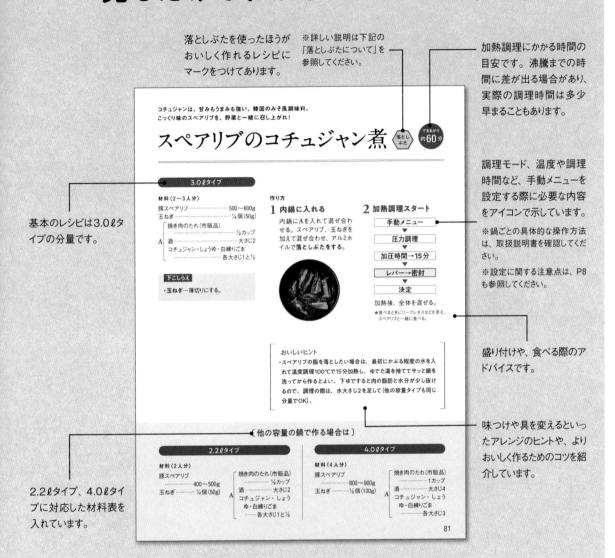

コチュジャンは、甘みもうまみも強い、韓国のみそ風調味料。
こっくり味のスペアリブを、野菜と一緒に召し上がれ！

スペアリブのコチュジャン煮
落とし
ぶた

できあがり
約60分

3.0ℓタイプ

材料（2〜3人分）
豚スペアリブ ……………… 500〜600g
玉ねぎ ……………………… ¼個（50g）

A
焼き肉のたれ（市販品）…… ½カップ
酒 …………………………… 大さじ2
コチュジャン・しょうゆ・白練りごま
……………………………… 各大さじ1と½

下ごしらえ
・玉ねぎ…薄切りにする。

作り方

1 内鍋に入れる
内鍋にAを入れて混ぜ合わ
せる。スペアリブ、玉ねぎを
加えて混ぜ合わせ、アルミホ
イルで落としぶたをする。

2 加熱調理スタート

手動メニュー
▼
圧力調理
▼
加圧時間→15分
▼
レバー→密閉
▼
決定

加熱後、全体を混ぜる。

★食べるときにリーフレタスなどを添え、
スペアリブと一緒に食べる。

おいしいヒント
・スペアリブの脂を落としたい場合は、最初にかぶる程度の水を入
れて温度調理100℃で15分加熱し、ゆでた湯を捨ててサッと鍋を
洗ってから作るとよい。下ゆですると肉の脂肪と水分が少し抜け
るので、調理の際は、水大さじ2を足して（他の容量タイプも同じ
分量でOK）。

〔 他の容量の鍋で作る場合は 〕

2.2ℓタイプ

材料（2人分）
豚スペアリブ
……………………… 400〜500g
玉ねぎ ……… ¼個（50g）

A
焼き肉のたれ（市販品）
……………………… ½カップ
酒 ………………… 大さじ2
コチュジャン・しょう
ゆ・白練りごま
……………… 各大さじ1と½

4.0ℓタイプ

材料（4人分）
豚スペアリブ
……………………… 800〜900g
玉ねぎ ……… ½個（100g）

A
焼き肉のたれ（市販品）
……………………… 1カップ
酒 ………………… 大さじ4
コチュジャン・しょう
ゆ・白練りごま
……………… 各大さじ3

81

基本のレシピは3.0ℓタ
イプの分量です。

調理モード、温度や調理
時間など、手動メニューを
設定する際に必要な内容
をアイコンで示しています。

※鍋ごとの具体的な操作方法
は、取扱説明書を確認してくだ
さい。

※設定に関する注意点は、P8
も参照してください。

盛り付けや、食べる際のア
ドバイスです。

味つけや具を変えるといっ
たアレンジのヒントや、より
おいしく作るためのコツを紹
介しています。

2.2ℓタイプ、4.0ℓタイ
プに対応した材料表を
入れています。

落としぶたについて
落とし
ぶた

内鍋の大きさに合わせてアルミホイルを切り、中
央に1〜1.5cmほど穴をあけ、材料にぴったりの
せるようにして入れます。オーブン用シートなど、
紙は浮き上がってしまうのでNGです。落としぶた
を使用するページにはマークを入れてあります。

機種タイプによる設定の注意点

以下の場合は、加熱調理の際のパネル表示や、設定方法が異なるので注意してください。

温度調理の場合の調理時間設定について

KPC-MA
PMPC-MA

2.2ℓの場合

時間設定前

┌─────────────┐
│ 温度調理 │
│ 調理温度 │
│ **100**℃ │
│ できあがり時間 │
│ 約**0**時間**11**分 │
│ 決定 │
└─────────────┘

10分からスタートする形。

レシピに記載されている

┌─────────────┐
│ 調理時間→**20分** │
└─────────────┘

を設定する際は、

10分＋20分

中に入れた材料が沸騰するまでの時間が約10分かかるため。実際の調理時間はそこからスタートになります。

時間設定後

┌─────────────┐
│ 温度調理 │
│ 調理温度 │
│ **100**℃ │
│ できあがり時間 │
│ 約**0**時間**30**分 │
│ 決定 │
└─────────────┘

※PMPC-MAタイプの場合、時間設定前には　調理時間0時間11分　と表示されます。

KPC-MA 3.0ℓ、4.0ℓの場合
PMPC-MA 4.0ℓの場合

時間設定前

┌─────────────┐
│ 温度調理 │
│ 調理温度 │
│ **100**℃ │
│ 調理時間 │
│ 約**0**時間**01**分 │
│ 決定 │
└─────────────┘

01分からの設定。

調理時間→20分 の場合

┌─────────────┐
│ 温度調理 │
│ 調理温度 │
│ **100**℃ │
│ 調理時間 │
│ 約**0**時間**20**分 │
│ 決定 │
└─────────────┘

レシピどおりの調理時間を入れればOK。

決定ボタンを押すと時間は30分と表示される。

PC-MA 2.2ℓ、3.0ℓ、4.0ℓの場合

時間設定前

01分からの設定。

調理時間→20分 の場合

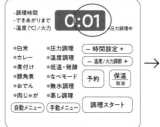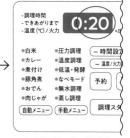

レシピどおりの調理時間を入れればOK。

調理スタートボタンを押すと時間は30分と表示される。

炊飯時のレバー設定について

鍋のタイプ、容量によってレバーの設定が異なります。

KPC-MA 2.2ℓ、4.0ℓ
PC-MA 2.2ℓ、4.0ℓ
PMPC-MA 2.2ℓ、4.0ℓ

🔒 密封

KPC-MA 3.0ℓ
PC-MA 3.0ℓ

♨ 排気

part **1**

毎日のらくらくごはん

作りたいのは、ご飯に合うホッとする味、繰り返し食べても飽きない味です。
身近な材料で作れて、日々のごはんを支えるおかずを20品覚えましょう。

みんな大好き！ ご飯にもよく合う洋食です。
薄切り肉に薄力粉をまぶすと、かたまりにならず、いい感じのとろみがつきます。

ポークチャップ

 落としぶた

 できあがり約**30**分

3.0ℓタイプ

材料（2〜3人分）

豚肩ロース肉（しょうが焼き用／薄切り）	200g
玉ねぎ	⅓個（60g）
マッシュルーム	4個
塩・こしょう	各少々
薄力粉	大さじ½

A
ケチャップ	大さじ4
ウスターソース	大さじ1と½
酒	大さじ1
にんにく（すりおろし）	小さじ½
バター	5g

下ごしらえ

- **玉ねぎ**…薄切りにする。
- **マッシュルーム**…幅5mmに切る。
- **豚肉**…塩、こしょうをふり、薄力粉をまぶす。

```
おいしいヒント
・豚肉の筋を切っておくと、肉が
 縮みにくくなる。
```

作り方

1 内鍋に入れる

内鍋に玉ねぎ、マッシュルーム、豚肉をランダムに重ねる。この時、豚肉がかたまりにならないよう広げてのせる。**A**を全体にかけ、アルミホイルで**落としぶた**をする。

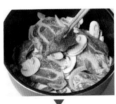

2 加熱調理スタート

手動メニュー

▼

温度調理→100℃

▼

調理時間→20分

▼

レバー→排気

▼

決定

加熱後、全体を混ぜる。

★食べるときにパセリのみじん切りを散らす。

〔 他の容量の鍋で作る場合は 〕

2.2ℓタイプ

材料（1〜2人分）

豚肩ロース肉（しょうが焼き用／薄切り）	150g
玉ねぎ	¼個（50g）
マッシュルーム	3個
塩・こしょう	各少々
薄力粉	小さじ1

A
ケチャップ	大さじ3
ウスターソース・酒	各大さじ1
にんにく（すりおろし）	小さじ⅓
バター	4g

4.0ℓタイプ

材料（4人分）

豚肩ロース肉（しょうが焼き用／薄切り）	400g
玉ねぎ	⅔個（150g）
マッシュルーム	8個
塩・こしょう	各少々
薄力粉	大さじ1

A
ケチャップ	⅔カップ弱
ウスターソース	大さじ3
酒	大さじ2
にんにく（すりおろし）	小さじ1
バター	10g

大きいじゃがいもをほっくり煮るのは、この鍋の得意技。
鶏ひき肉からいいだしが出て、味もよくからみます。

そぼろ肉じゃが

 落としぶた

 できあがり 約30分

3.0ℓタイプ

材料（2〜3人分）

鶏ひき肉	100g
じゃがいも	2個（300g）
玉ねぎ	½個（100g）

A
しょうが（すりおろし）	小さじ½
しょうゆ・酒・みりん	各大さじ2
砂糖	大さじ1
水	½カップ

下ごしらえ

・じゃがいも…2〜4等分に切る。
・玉ねぎ…幅1cmのくし形切りにする。

作り方

1 内鍋に入れる

内鍋にひき肉、じゃがいも、玉ねぎ、Aを入れて混ぜ合わせ、アルミホイルで落としぶたをする。

2 加熱調理スタート

手動メニュー
▼
温度調理→100℃
▼
調理時間→20分
▼
レバー→排気
▼
決定

加熱後、全体をそっと混ぜる。

おいしいヒント

・加熱後、粗熱がとれるくらいまでおくと味がよくしみる。
・加熱後、汁けが多いと感じたら、鍋モード・火力4〜5で煮詰める。
・風味づけにごま油小さじ1や豆板醤小さじ1を入れてもよい。
・食べるときに、細ねぎの小口切りを散らしてもよい。

〔 他の容量の鍋で作る場合は 〕

2.2ℓタイプ

材料（2〜3人分）

鶏ひき肉	100g
じゃがいも	2個（300g）
玉ねぎ	½個（100g）

A
しょうが（すりおろし）	小さじ½
しょうゆ・酒・みりん	各大さじ2
砂糖	大さじ1
水	½カップ（100㎖）

4.0ℓタイプ

材料（4人分）

鶏ひき肉	200g
じゃがいも	4個（600g）
玉ねぎ	1個（200g）

A
しょうが（すりおろし）	小さじ1
しょうゆ・酒・みりん	各大さじ4
砂糖	大さじ2
水	¾カップ（150㎖）

鶏むね肉を丸ごと入れて、しっとり煮ます。
生クリームは最後に入れてごちそう感のある一皿に。

鶏肉のクリーム煮

 落とし
ぶた

 できあがり
約40分

3.0ℓタイプ

材料（2人分）

鶏むね肉(小)	2枚(400g)
にんじん	1本(150g)
セロリ	½本
薄力粉	大さじ½
塩	小さじ⅓
こしょう	少々
バター	10g
白ワイン	大さじ3

★加熱後

A [生クリーム ……… ¼カップ
  [塩 ……………………… 少々

下ごしらえ

・にんじん…幅3mmの輪切りにする。
・セロリ…斜め薄切りにする。
・鶏肉…水けを拭いて皮を除き、厚みがあるところは包丁で切り込みを入れて開く。塩、こしょうをふり、薄力粉をまぶす。

作り方

1 内鍋に入れる

内鍋に野菜を入れ、鶏肉をのせる。バターをちぎってのせ、白ワインをふる。アルミホイルで落としぶたをする。

2 加熱調理スタート

手動メニュー
▼
温度調理→100℃
▼
調理時間→30分
▼
レバー→排気
▼
決定

3 軽く煮詰める

加熱後、Aを加えて混ぜ、鍋モード・火力4で5分ほど、時々混ぜながら、とろりとするまで煮詰める。

★食べるときにイタリアンパセリを添える。

おいしいヒント

・鶏もも肉にしてもOK。
・にんじんのかわりに、幅1cmに切ったじゃがいも1〜2個でもよい。

〔 他の容量の鍋で作る場合は 〕

2.2ℓタイプ

材料（1〜2人分）

鶏むね肉	1枚(300g)
にんじん	⅔本(100g)
セロリ	⅓本
薄力粉	小さじ1
塩	小さじ¼
こしょう	少々
バター	10g
白ワイン	大さじ3

A [生クリーム …… ¼カップ
  [塩 ……………………… 少々

※鶏肉は斜め半分に切る。

4.0ℓタイプ

材料（4人分）

鶏むね肉(小)	4枚(800g)
にんじん	2本(300g)
セロリ	1本
薄力粉	大さじ1
塩	小さじ⅔
こしょう	少々
バター	20g
白ワイン	大さじ6

A [生クリーム …… ½カップ
  [塩 ……………………… 少々

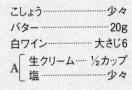

ピーマンは上にすると両方ともいい感じに火が通ります。
こういう定番おかずがほったらかしでできると、ほんとうに助かります。

薄切り肉の酢豚風

 落としぶた

 できあがり 約30分

3.0ℓタイプ

材料（2～3人分）

豚こま切れ肉	200g
玉ねぎ	½個(100g)
ピーマン	3個
片栗粉	大さじ1

A
- しょうが（すりおろし）……小さじ1
- 鶏がらスープの素……小さじ⅔
- 砂糖・しょうゆ・酢……各大さじ2
- 酒・ケチャップ・ごま油……各大さじ1

下ごしらえ

- 玉ねぎ…幅1.5cmのくし形切りにし、長さを2～3等分に切る。
- ピーマン…乱切りにする。
- 豚肉…ポリ袋に入れて片栗粉を全体にまぶす。

作り方

1 内鍋に入れる

内鍋にAを入れて混ぜる。豚肉、切った野菜を加えて、豚肉をほぐしながら混ぜる。できるだけピーマンを上にのせ、アルミホイルで落としぶたをする。

2 加熱調理スタート

手動メニュー
▼
温度調理→100℃
▼
調理時間→20分
▼
レバー→排気
▼
決定

加熱後、全体を混ぜる。

〔他の容量の鍋で作る場合は〕

2.2ℓタイプ

材料（2～3人分）

豚こま切れ肉	200g
玉ねぎ	½個(100g)
ピーマン	3個
片栗粉	大さじ1

A
- しょうが（すりおろし）……小さじ1
- 鶏がらスープの素……小さじ⅔
- 砂糖・しょうゆ・酢……各大さじ2
- 酒・ケチャップ・ごま油……各大さじ1

4.0ℓタイプ

材料（4人分）

豚こま切れ肉	300g
玉ねぎ	¾個(150g)
ピーマン	5個
片栗粉	大さじ1と½

A
- しょうが（すりおろし）……小さじ1と½
- 鶏がらスープの素……小さじ1
- 砂糖・しょうゆ・酢……各大さじ3
- 酒・ケチャップ・ごま油……各大さじ1と½

煮ものの味がうまく決められない、という悩みは解消！
鍋で煮るときのような火加減調節が必要なく、焦げ付きの心配もなくおいしくできあがります。

ぶり大根

 落としぶた

 できあがり 約53分

3.0ℓタイプ

材料（2人分）

ぶり（切り身）………………2切れ	
大根………………⅓本（350g〜400g）	
しょうが（せん切り）……………⅓かけ	
A 酒・水……………各¼カップ	
しょうゆ・みりん・砂糖………各大さじ2	

下ごしらえ

・**大根**…幅1〜1.5㎝の半月切りにする。
・**ぶり**…水けを拭き、1切れを3〜4等分に切る。

作り方

1 内鍋に入れる

内鍋に大根、ぶり、しょうがを入れ、**A**を混ぜて加える。上下を返して調味料をなじませ、アルミホイルで落としぶたをする。

2 加熱調理スタート

手動メニュー
↓
圧力調理
↓
加圧時間→8分
↓
レバー→密封
↓
決定

3 上下を返して少しおく

加熱後、上下を静かに返し、20〜30分おいて、味をなじませる。

> おいしいヒント
> ・加熱後、煮汁が多く感じる場合は、上下を返した後、鍋モード・火力5で、煮詰める。

〔 他の容量の鍋で作る場合は 〕

2.2ℓタイプ

材料（2人分）

ぶり（切り身）………2切れ
大根……………¼本（300g）
しょうが（せん切り）
………………⅓かけ

A 酒・水………各¼カップ
しょうゆ・みりん・砂糖
………………各大さじ2

4.0ℓタイプ

材料（4人分）

ぶり（切り身）………4切れ
大根……………½本（700g）
しょうが（小／せん切り）
………………1かけ

A 酒・水………各70㎖
しょうゆ・みりん・砂糖
………………各大さじ4

チリパウダーを入れると味がしまって風味もアップ。ご飯にかけても。

ポークビーンズ

落としぶた / てきあがり約50分

3.0ℓタイプ

材料（2〜3人分）

合いびき肉 ………………………… 250g
玉ねぎ ……………………… ⅓個（60g）
大豆（水煮） ……………………… 130g

A ┌ トマト水煮（缶詰／カット）…… 300g
  │ にんにく（みじん切り）………… 1かけ
  │ オリーブ油 ……………… 大さじ½
  │ 塩 ……………………… 小さじ½〜⅔
  │ 砂糖・チリパウダー … 各小さじ½
  └ クミンパウダー（あれば）…… 少々

下ごしらえ

・玉ねぎ…みじん切りにする。

作り方

1 内鍋に入れる

内鍋にひき肉、玉ねぎ、大豆、Aを入れて混ぜる。アルミホイルで落としぶたをする。

2 加熱調理スタート

| 手動メニュー |
| 圧力調理 |
| 加圧時間→5分 |
| レバー→密封 |
| 決定 |

加熱後、全体を混ぜる。

〔 他の容量の鍋で作る場合は 〕

2.2ℓタイプ

材料（2〜3人分）

合いびき肉:250g／玉ねぎ:⅓個（60g）／大豆（水煮）:130g
【A:トマト水煮（缶詰／カット）300g／にんにく（みじん切り）:1かけ／オリーブ油:大さじ½／塩:小さじ½〜⅔／砂糖・チリパウダー:各小さじ½／クミンパウダー（あれば）:少々】

4.0ℓタイプ

材料（4〜5人分）

合いびき肉:400g／玉ねぎ:½個（100g）／大豆（水煮）:200g
【A:トマト水煮（缶詰／カット）:400g／にんにく（みじん切り）:2かけ／オリーブ油:大さじ1／塩:小さじ½〜⅔／砂糖・チリパウダー:各小さじ⅔／クミンパウダー（あれば）:少々】

レシピはオイスターソース味ですが、ソースを入れずに調理してポン酢で食べても。

白菜と豚肉の重ね煮

できあがり
約35分

21

3.0ℓタイプ

材料（2〜3人分）

白菜	¼個（400g）
豚バラ薄切り肉	160g
にんじん	⅓本（50g）

A
- しょうが（すりおろし）……小さじ1
- オイスターソース・酒
  　　　　　　　　　　各大さじ2
- ごま油……………………大さじ1
- 鶏ガラスープの素………大さじ½

下ごしらえ

・白菜…食べやすい大きさのざく切りにする。
・にんじん…食べやすい大きさの短冊切りにする。
・豚肉…長さ4cmに切る。

作り方

1 内鍋に入れる

内鍋に、白菜、豚肉、にんじんを交互に重ねて入れ、上から軽く押しつける。**A**を混ぜてかける。アルミホイルで**落としぶた**をする。

2 加熱調理スタート

手動メニュー
↓
温度調理→100℃
↓
調理時間→25分
↓
レバー→排気
↓
決定

〔 他の容量の鍋で作る場合は 〕

2.2ℓタイプ

材料（1〜2人分）

白菜：⅙個（250g）／豚バラ薄切り肉：100g／にんじん：¼本（40g）
【**A**：しょうが（すりおろし）：小さじ⅔／オイスターソース・酒：各大さじ1と½／ごま油：小さじ2／鶏ガラスープの素：小さじ1】

4.0ℓタイプ

材料（4人分）

白菜：⅓個（550g）／豚バラ薄切り肉：240g／にんじん：⅔本（75g）
【**A**：しょうが（すりおろし）：小さじ1と½／オイスターソース・酒：各大さじ3／ごま油：大さじ1と½／鶏ガラスープの素：小さじ2】

圧力調理で、いつものカレーが何倍ものおいしさに。
肉がやわらか！　骨付き肉ならではのうまみでコクも出ます。

骨付きチキンのほろほろカレー

材料（2〜3人分）

鶏手羽元······6本
玉ねぎ·····1と½個（300g）
トマト水煮（缶詰／カット）·····150g
にんにく（みじん切り）·····1かけ
ローリエ（あれば）·····2枚
ウスターソース·····大さじ1
水（または酒）·····¼カップ
★加熱後
カレールウ（市販品）·····2〜3かけ（50g）

下ごしらえ
・玉ねぎ…薄切りにする。

★食べるときにご飯とともに盛り合わせ、パセリのみじん切りを散らす。

おいしいヒント
・あれば、カレールウを加えるタイミングでガラムマサラ、クミンパウダーなどを加えると風味がアップする。

作り方

1 内鍋に入れる
内鍋にカレールウ以外の材料を全て入れ、混ぜ合わせる。アルミホイルで落としぶたをする。

2 加熱調理スタート

手動メニュー
▼
圧力調理
▼
加圧時間→10分
▼
レバー→密封
▼
決定

3 カレールウを加えて溶かす
カレールウを入れ、鍋モード・火力4で、溶けるまで混ぜながら煮る。

〔 他の容量の鍋で作る場合は 〕

材料（2人分）

鶏手羽元·····4〜6本
玉ねぎ·····1個（200g）
トマト水煮（缶詰／カット）·····100g
にんにく（みじん切り）·····1かけ
ローリエ（あれば）…1〜2枚
ウスターソース·····小さじ2
水（または酒）·····大さじ2
カレールウ（市販品）·····1と½〜2かけ（40g）

材料（4〜6人分）

鶏手羽元·····12本
玉ねぎ·····3個（600g）
トマト水煮（缶詰／カット）·····300g
にんにく（みじん切り）·····2かけ
ローリエ（あれば）·····4枚
ウスターソース·····大さじ2
水（または酒）·····½カップ
カレールウ（市販品）·····4〜5かけ（100g）

フライパンで焼くと火の通りにくい野菜も、この鍋で作ると簡単にやわらかく！
巻いた肉がはがれたりする心配もありません。

野菜の肉巻き煮

 落とし
ぶた

 できあがり
約30分

3.0ℓタイプ

材料（2〜3人分／8本）

豚ロース（または肩ロース）薄切り肉
‥‥‥‥‥‥‥‥‥‥‥‥8枚（約200g）
にんじん‥‥‥‥‥‥‥‥‥‥‥½本（75g）
いんげん‥‥‥‥‥‥‥‥‥‥‥‥‥‥8本
薄力粉‥‥‥‥‥‥‥‥‥‥大さじ½〜⅔

A ┌ しょうが（すりおろし）‥‥‥‥小さじ1
　├ しょうゆ・酒・みりん‥‥‥各大さじ1と½
　└ 砂糖‥‥‥‥‥‥‥‥‥‥‥‥小さじ2

下ごしらえ

・にんじん‥‥長さ6cm、5mm角の棒状
　に切る。
・いんげん‥‥長さを2〜3等分に切る。

作り方

1 内鍋に入れる

豚肉を広げ、にんじん、いん
げんを等分にのせ、きつく巻
いて薄力粉をまぶす。巻き
終わりを下にして内鍋に入
れ、Aを混ぜて全体にかけ
る。アルミホイルで落としぶ
たをする。

2 加熱調理スタート

手動メニュー

▼

温度調理→100℃

▼

調理時間→20分

▼

レバー→排気

▼

決定

加熱後、上下を返す。

おいしいヒント
・野菜は、グリーンアスパラガス、長ねぎでもOK。
・ケチャップやウスターソース、酒などで洋風にしてもおいしい。
・みそ風味にしてもよい。

〔他の容量の鍋で作る場合は〕

2.2ℓタイプ

材料（2〜3人分／8本）

豚ロース（または肩ロース）
薄切り肉‥‥‥8枚（約200g）
にんじん‥‥‥‥‥½本（75g）
いんげん‥‥‥‥‥‥‥‥8本
薄力粉‥‥‥大さじ½〜⅔

A ┌ しょうが（すりおろし）
　│‥‥‥‥‥‥‥‥小さじ1
　├ しょうゆ・酒・みりん
　│‥‥‥‥‥各大さじ1と½
　└ 砂糖‥‥‥‥‥小さじ2

4.0ℓタイプ

材料（4人分／12本）

豚ロース（または肩ロース）
薄切り肉‥‥12枚（約300g）
にんじん‥‥‥‥⅔本（125g）
いんげん‥‥‥‥‥‥‥12本
薄力粉‥‥‥‥‥‥大さじ1

A ┌ しょうが（すりおろし）
　│‥‥‥‥‥‥小さじ1と½
　├ しょうゆ・酒・みりん
　│‥‥‥‥‥‥各大さじ2
　└ 砂糖‥‥‥‥‥大さじ1

厚揚げにボリューム感があるので、立派なメインおかずに。
お好みで、にんじん、小松菜をプラスして作ることもできます。

厚揚げのえびあんかけ

3.0ℓタイプ

材料（2人分）

厚揚げ	300g
むきえび（小）	60g
しめじ	1袋（80g）
A しょうが（すりおろし）	小さじ½
しょうゆ・みりん・酒	各大さじ1
塩	ひとつまみ
和風だしの素（顆粒）	小さじ1
片栗粉	小さじ1と½
水	½カップ

下ごしらえ

・**厚揚げ**…食べやすい大きさに切る。
・**むきえび**…背わたがあれば取る。
・**しめじ**…小房に分ける。

作り方

1 内鍋に入れる

内鍋に厚揚げを並べ、空い
ているところにえび、しめじを
入れる。**A**をしっかり混ぜて
全体にかけ、アルミホイルで
落としぶたをする。

2 加熱調理スタート

手動メニュー
▼
温度調理→100℃
▼
調理時間→20分
▼
レバー→排気
▼
決定

おいしいヒント
・むきえびは、背わたのないものは冷凍のまま入れてもOK。
・厚揚げのかわりに絹ごし豆腐でもOK。
・厚揚げの下に、せん切りにしたにんじんなどの野菜を適量入れる
 のもおすすめ。

〔 他の容量の鍋で作る場合は 〕

2.2ℓタイプ

材料（1〜2人分）

厚揚げ	200g
むきえび（小）	40g
しめじ	½袋強（50g）
A しょうが（すりおろし）	小さじ½
しょうゆ・みりん・酒	各大さじ1
塩	ひとつまみ
和風だしの素（顆粒）	小さじ1
片栗粉	小さじ1と½
水	½カップ

4.0ℓタイプ

材料（4人分）

厚揚げ	600g
むきえび（小）	90g
しめじ	1袋（80g）
A しょうが（すりおろし）	小さじ⅔
しょうゆ・みりん・酒	各大さじ1と½
塩	小さじ¼
和風だしの素（顆粒）	小さじ1と½
片栗粉	小さじ2
水	¾カップ（150㎖）

ソースを入れて蒸し煮にするハンバーグです。
焦げつきも生焼けも焼き縮みなし、ふっくらできて大満足！

ハンバーグ

でき あがり
約35分

3.0ℓタイプ

材料（2人分）

●ひき肉だね

合いびき肉	250g
塩	小さじ¼
こしょう	少々
玉ねぎ（みじん切り）	⅓個（65g）
パン粉（ドライ）	½カップ
卵	1個
牛乳	大さじ2

A｛
トマトケチャップ	大さじ5
ウスターソース・酒	各大さじ1
砂糖	ひとつまみ

下ごしらえ

・**ひき肉だね**…ボウルに入れて、粘り
けが出るまで練り混ぜ、2等分にする。
厚さ2cmくらいの楕円形にまとめ、中
央を少しくぼませる。

作り方

1 内鍋に入れる

成形したひき肉だねを内鍋
に並べる。Aを混ぜて全体
に回し入れる。

2 加熱調理スタート

手動メニュー
▼
| 温度調理→100℃ |
▼
| 調理時間→25分 |
▼
| レバー→排気 |
▼
| 決定 |

★食べるときにベビーリーフを添える。

おいしいヒント
・Aの調味料のかわりに酒大さじ3をふって加熱調理し、大根おろ
しを添えて食べても。

〔 他の容量の鍋で作る場合は 〕

2.2ℓタイプ

材料（2人分）

●ひき肉だね

合いびき肉	200g
塩・こしょう	各少々
玉ねぎ（みじん切り）	¼個（50g）
パン粉（ドライ）	大さじ5
卵	1個
牛乳	大さじ½

A｛
トマトケチャップ	大さじ5
ウスターソース・酒	各大さじ1
砂糖	ひとつまみ

4.0ℓタイプ

材料（4人分）

●ひき肉だね

合いびき肉	400g
塩	小さじ⅓
こしょう	少々
玉ねぎ（みじん切り）	½個（100g）
パン粉（ドライ）	¾カップ
卵	2個
牛乳	大さじ1

A｛
トマトケチャップ	¾カップ
ウスターソース・酒	各大さじ2
砂糖	小さじ⅓

具を好みの野菜にかえればバリエーションが広がります。和風にしても。

ウインナーのオープンオムレツ

できあがり
約**30**分

3.0ℓタイプ

材料（2〜3人分）

A	溶き卵	4個分
	牛乳	大さじ2
	塩	小さじ¼
	こしょう	少々
	ウィンナー	2本
	パプリカ（赤）	¼個
ピザ用チーズ		60g

下ごしらえ

・ウインナー……幅1cmに切る。
・パプリカ……長さ2cmの細切りにする。

作り方

1 内鍋に入れる

内鍋に**A**を順に入れて混ぜ、ウインナー、パプリカも加えて混ぜ合わせる。ピザ用チーズを全体に散らす。

2 加熱調理スタート

手動メニュー
温度調理→100℃
調理時間→20分
レバー→排気
決定

★食べやすい大きさに切る。

〔 他の容量の鍋で作る場合は 〕

2.2ℓタイプ

材料（2〜3人分）
【A：溶き卵：4個分 / 牛乳：大さじ2 / 塩：小さじ¼ / こしょう：少々 / ウィンナー：2本 / パプリカ（赤）：¼個】
ピザ用チーズ：60g

4ℓタイプ

材料（4人分）
【A：溶き卵：6個分 / 牛乳：大さじ3 / 塩：小さじ⅓ / こしょう：少々 / ウィンナー：3本 / パプリカ（赤）：⅓個】
ピザ用チーズ：90g

内鍋に直接卵液を入れて作ります。ふるふる、やわらかなできあがり!

大きな茶碗蒸し

できあがり
約30分

3.0ℓタイプ

材料（3〜4人分）

●茶碗蒸しの生地
- 溶き卵……………………2個分
- 水………………………1と½カップ
- 和風だしの素（顆粒）・酒・みりん
  ………………………各小さじ1
- 塩…………………………小さじ¼〜⅓
- しょうゆ…………………小さじ⅔

A
- 鶏ひき肉………………………50g
- かに風味かまぼこ……………2本
- 生しいたけ………………………1枚
- ぎんなん（真空パック）…4〜8粒

下ごしらえ

・かに風味かまぼこ…細くさく。
・生しいたけ…軸を除いて薄切りにする。

作り方

1 内鍋に入れる

内鍋に茶碗蒸しの生地の材料を入れてよく混ぜる。Aも加え、ひき肉をほぐしながら混ぜ合わせる。

2 加熱調理スタート

| 手動メニュー |
| 温度調理→100℃ |
| 調理時間→20分 |
| レバー→排気 |
| 決定 |

★食べるときに長さ2cmに切った三つ葉適量を散らし、大きめのスプーンなどですくって取り分ける。

〔他の容量の鍋で作る場合は〕

2.2ℓタイプ

材料（3〜4人分）
【茶碗蒸しの生地：溶き卵：2個分／水：1と½カップ／和風だしの素（顆粒）・酒・みりん：各小さじ1／塩：小さじ¼〜⅓／しょうゆ：小さじ⅔】
【A：鶏ひき肉：50g／かに風味かまぼこ：2本／生しいたけ：1枚／ぎんなん（真空パック）：4〜8粒】

4.0ℓタイプ

材料（6〜8人分）
【茶碗蒸しの生地：溶き卵：4個分／水：3カップ／和風だしの素（顆粒）・酒・みりん：各小さじ2／塩：小さじ⅔／しょうゆ：小さじ1と½】
【A：鶏ひき肉：100g／かに風味かまぼこ：4本／生しいたけ：2枚／ぎんなん（真空パック）：10粒】

玉ねぎを底に敷いて魚介をのせると、玉ねぎの水分でおいしく蒸し煮に。
丸ごとの魚で作ればごちそうメニューになります。

アクアパッツァ

できあがり
約30分

材料 (2人分)

真だい(切り身)	2切れ
あさり(砂抜きしたもの)	200g
玉ねぎ	½個(100g)
ミニトマト	8個
塩・こしょう	各少々
白ワイン	大さじ5
ローリエ	2枚
タイム(あれば)	2枝

下ごしらえ

・あさり…殻をこすり合わせるように
　洗って水けをきる。
・玉ねぎ…薄切りにする。
・ミニトマト…へたを取る。
・たい…水けをしっかり拭き、塩、こしょ
　うをまぶす。

作り方

1 内鍋に入れる

内鍋に玉ねぎを敷き、たい
の皮を上にしてのせる。空い
たところにあさり、トマトを入
れる。白ワインを加え、ロー
リエ、タイムをのせる。

2 加熱調理スタート

手動メニュー

▼

温度調理→100℃

▼

調理時間→20分

▼

レバー→排気

▼

決定

★食べるときにレモンを添え、好みの量
を搾る。パンに煮汁を吸わせて食べる
とおいしい。

おいしいヒント
・ブラックオリーブ(種抜き・輪切り)大さじ2、ケイパー小さじ1を加
　えると、より本格的な味わいに。
・丸ごとのたいや、いさきを使うのもおすすめ。うろこや内蔵は取り
　除いて入れて。

〔 他の容量の鍋で作る場合は 〕

材料 (2人分)

真だい(切り身)	2切れ	白ワイン	大さじ5
あさり(砂抜きしたもの)		ローリエ	2枚
	150g	タイム(あれば)	2枝
玉ねぎ	½個(100g)		
ミニトマト	8個		
塩・こしょう	各少々		

材料 (4人分)

真だい(切り身)	4切れ	白ワイン	½カップ
あさり(砂抜きしたもの)		水	¼カップ
	300g	ローリエ	3枚
玉ねぎ	1個(200g)	タイム(あれば)	3枝
ミニトマト	15個	※水は白ワインと一緒に入れる。	
塩・こしょう	各少々		

圧力調理で、ごぼうや里いもにもしっかり味がしみ込みます。
煮ものは、できあがりで一度混ぜ、少し時間をおくとよりおいしくなります。

いりどり

 落とし
ぶた

 できあがり
約49分

3.0ℓタイプ

材料（2〜3人分）

鶏もも肉	200g
ごぼう	½本（75g）
にんじん	1本（150g）
里いも	3〜4個（250g）
板こんにゃく（アク抜き済み）	100g

A
しょうゆ	大さじ3
砂糖	大さじ2
酒・みりん	各大さじ1
ごま油	大さじ½

下ごしらえ

・鶏肉…4cm四方に切る。
・ごぼう…皮をこそげて幅1.5cmの斜め
　切りにする。
・にんじん…一口大の乱切りにする。
・里いも…皮をむいて、2〜3等分に切
　る。
・こんにゃく…スプーンなどで一口大に
　ちぎる。

作り方

1 内鍋に入れる

内鍋に下ごしらえした材料と
Aを入れて混ぜ合わせる。
アルミホイルの落としぶたを
する。

2 加熱調理スタート

手動メニュー

↓

圧力調理

↓

加圧時間→4分

↓

レバー→密封

↓

決定

加熱後、全体を混ぜる。

```
おいしいヒント
・加熱後に一度混ぜ、ふたをしてしばらくおくと味がよりなじむ。
・加熱調理後、汁けが多く感じた時は鍋モード・火力4〜5で軽く煮
　詰める。
```

〔 他の容量の鍋で作る場合は 〕

2.2ℓタイプ

材料（2人分）

鶏もも肉	150g
ごぼう	⅓本（50g）
にんじん	⅔本（100g）
里いも	2〜3個（150g）
板こんにゃく（アク抜き済み）	60g

A
しょうゆ	大さじ2
砂糖	小さじ4
酒	大さじ1
みりん	小さじ2
ごま油	小さじ1

4.0ℓタイプ

材料（4〜5人分）

鶏もも肉	300g
ごぼう	⅔本（100g）
にんじん	1と½本（200g）
里いも	6個（400g）
板こんにゃく（アク抜き済み）	150g

A
しょうゆ	大さじ4と½
砂糖	大さじ3
酒・みりん	各大さじ1と½
ごま油	小さじ2

並べたままの状態で煮崩れしないから、こんなおしゃれなメニューも簡単です。
ひき肉だねに粉チーズを混ぜているので、深みのある味に。

トマトのファルシー

 落としぶた

 できあがり 約35分

3.0ℓタイプ

材料（4個分）

トマト……………………………4個
●ひき肉だね
┌ 合いびき肉…………………200g
　玉ねぎ（みじん切り）・パン粉（ドライ）
　………………………………各大さじ2
　にんにく（みじん切り）………1かけ
　塩………………………………小さじ¼
　こしょう………………………少々
　粉チーズ・パセリ（みじん切り）
└ ………………………………各大さじ2
オリーブ油……………………大さじ½
白ワイン………………………大さじ3
水………………………………大さじ1

下ごしらえ

・**トマト**…へたの部分を1cmほど切り落
としてふたを作り、スプーンでくり抜い
て中身を取り出す。
・**ひき肉だね**…ボウルに入れて粘りが
出るまで練ってトマトに等分に詰め、へ
たでふたをする。

作り方

1 内鍋に入れる

ひき肉だねを詰めたトマトを
並べ入れ、オリーブ油、白ワ
イン、水を加える。アルミホ
イルで落としぶたをする。

2 加熱調理スタート

手動メニュー
▼
温度調理→100℃
▼
調理時間→25分
▼
レバー→排気
▼
決定

おいしいヒント

・ひき肉だねが入りきらない
　場合は、丸めて内鍋に入
　れて加熱し、ミートボール
　として楽しんで。
・くり抜いて取り出したトマ
　トはスープなどに使える。

〔 他の容量の鍋で作る場合は 〕

2.2ℓタイプ

材料（2個分）

トマト………………2個
●**ひき肉だね**
合いびき肉…………100g
玉ねぎ（みじん切り）・パン粉
　（ドライ）…各大さじ1と½
にんにく（みじん切り）
　…………………½かけ

塩・こしょう………各少々
粉チーズ・パセリ（みじん
　切り）………各大さじ1
オリーブ油………小さじ1
白ワイン…………大さじ2
水…………………大さじ2

4.0ℓタイプ

材料（6個分）

トマト………………6個
●**ひき肉だね**
合いびき肉…………300g
玉ねぎ（みじん切り）・パン粉
　（ドライ）…各大さじ3
にんにく（みじん切り）
　…………………2かけ

塩…………………小さじ⅓
こしょう……………少々
粉チーズ・パセリ（みじん
　切り）………各大さじ3
オリーブ油………小さじ2
白ワイン…………大さじ4
水…………………大さじ2

鶏肉のうまみをキャベツが吸ってやわらかに！
オリーブ油とにんにくの風味がきいていて、食べ飽きないおいしさ。

鶏肉とキャベツのオイル蒸し

できあがり
約**40**分

3.0ℓタイプ

材料（2〜3人分）

鶏もも肉（大）……………………1枚（300g）
キャベツ……………………………¼個（300g）
にんにく………………………………2かけ
塩……………………………………小さじ½
オリーブ油…………………………大さじ2

下ごしらえ

・**鶏もも肉**…水けを拭き、はみ出ている脂肪や皮を取り除いて4〜6等分に切り、塩をまぶす。
・**キャベツ**…2〜3等分のくし形切りにする。
・**にんにく**…つぶして芯を取る。

作り方

1 内鍋に入れる

内鍋に鶏肉の皮を下にして並べ、にんにく、キャベツを入れる。オリーブ油を回しかける。

2 加熱調理スタート

手動メニュー

▼

温度調理→100℃

▼

調理時間→30分

▼

レバー→排気

▼

決定

★食べるときに粗挽き黒こしょうをふる。

おいしいヒント

・加熱後、ピザ用チーズをのせてしばらくおいて自然に溶かすのもおすすめ。コクが増します。

〔 他の容量の鍋で作る場合は 〕

2.2ℓタイプ

材料（1〜2人分）

鶏もも肉（小）…1枚（200g）
キャベツ……………⅙個（200g）
にんにく………………2かけ
塩…………………小さじ⅓
オリーブ油……大さじ1と½

4.0ℓタイプ

材料（4人分）

鶏もも肉…………2枚（500g）
キャベツ…………⅓個（450g）
にんにく………………4かけ
塩…………………小さじ⅔
オリーブ油…………大さじ4

うまみのある乾物とナッツ、甘栗入りで、食感もいい中華風おこわのでき上がり。
小分け冷凍して軽食にするのも楽しい。

中華風おこわ

できあがり
約**70**分

3.0ℓタイプ

材料（3～4人分）

もち米	2合
干ししいたけ（スライス）	5g
干しえび（または桜えび）	10g
長ねぎ	6cm
にんじん	⅓本（50g）
焼き豚	80g
むき甘栗（市販品）	10個
カシューナッツ	30g

A
- しょうが（すりおろし）……… 小さじ1
- しょうゆ・オイスターソース・酒
  ………………………………… 各大さじ1
- 鶏ガラスープの素……… 小さじ⅓

下ごしらえ

- **干ししいたけ**…水で戻して薄切りにし、長さを2～3等分に切る。
- **にんじん**…1cm角に切る。
- **ねぎ**…みじん切りにする。
- **焼き豚**…2cm四方に切る。
- **もち米**…洗って内鍋に入れ、2合の目盛りまで水を注いで15分吸水させる。

作り方

1 内鍋に入れる

もち米を入れた内鍋から、水を大さじ2と½を取り除く。Aを加えて混ぜ合わせる。具を上に散らす（米とは混ぜ合わせない）。

2 加熱調理スタート

自動メニュー
▼
カテゴリー
▼
米→白米
▼
レバー→密封
▼
決定

⚠ 3.0ℓタイプの炊飯はレバーを密封に。

おいしいヒント
- 水の目盛りは、必ず内鍋を水平において正確に計って。そこから調味料分の水分を取り除く。
- オイスターソースがなければ、その分しょうゆを増やしても。

〔 他の容量の鍋で作る場合は 〕

2.2ℓタイプ

材料（3～4人分）

もち米	2合
干ししいたけ（スライス）	5g
干しえび	10g
長ねぎ	6cm
にんじん	⅓本（50g）
焼き豚	80g
むき甘栗（市販品）	10個
カシューナッツ	30g

A
- しょうが（すりおろし）………… 小さじ1
- しょうゆ・オイスターソース・酒……各大さじ1
- 鶏ガラスープの素………… 小さじ⅓

※水は2合の目盛りまで入れ、大さじ2と½を取り除く。

レバー→排気

4.0ℓタイプ

材料（4～5人分）

もち米	3合
干ししいたけ（スライス）	7g
干しえび	15g
長ねぎ	½本
にんじん	⅔本（100g）
焼き豚	120g
むき甘栗（市販品）	15個
カシューナッツ	45g

A
- しょうが（すりおろし）………… 小さじ1と½
- しょうゆ・オイスターソース・酒 … 各大さじ1と½
- 鶏ガラスープの素………… 小さじ⅔

※水は3合の目盛りまで入れ、大さじ4を取り除く。

レバー→排気

⚠ 2.2ℓ、4.0ℓタイプの炊飯はレバーを排気に。

具はお好みで。鶏ひき肉やまいたけにしてもよいでしょう。

鶏肉とごぼうの炊き込みご飯

できあがり
約75分

3.0ℓタイプ

材料（2合分／3～4人分）

米	2合
鶏もも肉（大）	1枚（300g）
油揚げ	½枚
ごぼう	½本（50g）
にんじん	⅓本（50g）
しょうが	⅓かけ
A〔 しょうゆ・酒	各大さじ2
和風だしの素（顆粒）	小さじ½

下ごしらえ

・鶏もも肉…水けを拭いて3～4cm四方に切る。
・油揚げ…細切り。
・ごぼう…斜め薄切り。
・にんじん…薄いいちょう切り。
・しょうが…せん切り。
・米…洗って内鍋に入れ、2合の目盛りまで水を注いで30分吸水。

作り方

1 内鍋に入れる

米を入れた内鍋から、水を大さじ2取り除く。**A**を加え、米と混ぜ合わせる。具を散らす（米とは混ぜ合わせない）。

2 加熱調理スタート

```
自動メニュー
　▼
カテゴリー
　▼
米→白米
　▼
レバー→密封
　▼
決定
```

⚠ 3.0ℓタイプの炊飯はレバーを密封に。2.2ℓ、4.0ℓタイプの炊飯はレバーを排気に。

〔 他の容量の鍋で作る場合は 〕

2.2ℓタイプ

材料（2合分／3～4人分）

米:2合／鶏もも肉:1枚（250g）／油揚げ:½枚／ごぼう:½本（50g）／にんじん:⅓本（50g）／しょうが:⅓かけ
【A:しょうゆ・酒:各大さじ2／和風だしの素（顆粒）:小さじ½】

※水は2合の目盛りまで入れ、大さじ2を除く。

```
レバー→排気
```

4.0ℓタイプ

材料（3合分／4～5人分）

米:3合／鶏もも肉（大）:1と½枚（450g）／油揚げ:⅔枚／ごぼう:⅔本（75g）／にんじん:⅔本（100g）／しょうが:½かけ
【A:しょうゆ・酒:各大さじ3／和風だしの素（顆粒）:小さじ⅔】

※水は3合の目盛りまで入れ、大さじ4を除く。

```
レバー→排気
```

ワンポットパスタ！　のびにくいペンネならではのメニューです。

トマトペンネ

落としぶた

できあがり
約**35**分

3.0ℓタイプ

材料（2人分）

ペンネ*……………120g（150gまでOK）
ベーコン………………………2枚（60g）
なす……………………………………1本
長ねぎ………………………………10㎝

A ┌ トマト水煮（缶詰／カット）…200g
　│ オリーブ油…………………大さじ2
　│ 洋風スープの素（顆粒）…小さじ1
　│ 塩………………………………小さじ½
　└ 水…………………………………1カップ

★加熱後

粉チーズ………………………………大さじ2

*ペンネはゆで時間10〜13分のもの。

下ごしらえ

・ベーコン…幅1.5㎝に切る。
・ねぎ…斜め薄切りにする。

★食べるときに粉チーズ、黒こしょうをふる。

作り方

1 内鍋に入れる

内鍋にAを入れて混ぜる。粉チーズ以外の材料を入れて混ぜ、アルミホイルで**落しぶた**をする。

2 加熱調理スタート

手動メニュー
温度調理→**100℃**
調理時間→**25分**
レバー→排気
決定

3 粉チーズを混ぜる

加熱後、粉チーズを加えて混ぜる。

〔 他の容量の鍋で作る場合は 〕

2.2ℓタイプ

材料（2人分）

ペンネ:120g／ベーコン:2枚（60g）／なす:1本／長ねぎ:10㎝
【A:トマト水煮（缶詰／カット):200g／オリーブ油:大さじ2／洋風スープの素（顆粒):小さじ1／塩:小さじ½／水:1カップ】
粉チーズ:大さじ2

4ℓタイプ

材料（4人分）

ペンネ:240g／ベーコン:4枚（120g）／なす:2本／長ねぎ:½本
【A:トマト水煮（缶詰／カット):400g／オリーブ油:大さじ4／洋風スープの素（顆粒):小さじ2／塩:小さじ1弱／水:2カップ】
粉チーズ:大さじ4

阪下さんが徹底的に使ってみました

電気圧力鍋は、特徴が分かると使いこなせます

ほったらかし調理！だから、前後にひと工夫

加熱調理中は、ふたを開けてかき混ぜることができません。ムラなく火が通って味がなじむよう、内鍋に入れる際に少し気をつけましょう。

一つの素材はなるべく同じ大きさに

ふつうの鍋調理にも共通していることですが、素材は同じ大きさに切り揃えると、ムラなく火が通ります。とはいえ、多少煮崩れるものがあってもおいしいので、少し意識する程度でOK。

料理によっては落としぶたを活用して

アルミホイルで落としぶたをすると、煮汁が全体にいきわたります。落としぶたが浮いてふたにくっつかないよう、ぴったりとのせましょう。オーブン用シートは浮きやすいのでNGです。

ふたをする前に調味料となじませる

ふたをする前に一度全体を混ぜておくと、調味料と材料がよくからみます。また、調味料は内鍋の中で混ぜてもかまいません。鍋に傷がつかないよう、シリコン製のヘラを使うのがおすすめです。

加熱後は底から一度混ぜて

加熱後、一度鍋底からひっくり返すように混ぜておくと、さらに味がなじみます。かたまり肉はトングを使うと便利です。野菜は、崩れないようにやさしく混ぜましょう。

プラスの'ちょっと調理'で、よりおいしく自分好みに

密閉した状態で加熱調理をするので、今までの鍋調理とは少し仕上がりが違う料理もあります。仕上げに鍋モードを使う、温度調理で下ゆでするなどで、より自分好みにできます。レシピの「おいしいヒント」も参考にしてください。

「かたまり肉の脂を落としたい」とき

かたまり肉を下ゆでしてから調理をすると、脂が落ちてさっぱり仕上がります。最初に内鍋に水位線以下の水と肉を入れて**温度調理**で加熱し、湯を捨ててから、調味液とともに加熱しましょう。

「汁けをもっと煮詰めたい」とき

蒸気を外に出さずに調理をするので、仕上がりの汁けが多く感じられる料理もあります。加熱後にふたを外し、**鍋モード**で好みの加減になるまで煮詰めましょう。

鍋モードについての火力イメージ

鍋モードは、火力5＝強火、火力3＝中火、火力1＝弱火、のイメージです。鍋の中の状態や好みに合わせて使い分けてください。

もう少し知りたいQ&A

Q 加熱調理後に具が
かたい場合はどうしたら？

加熱調理後、具が少しかたいなと思ったら、再度**温度調理**で数分加熱するか、**鍋モード**で少し煮詰めながら加熱しましょう。

Q 調理中にエラー表示が
出た場合はどうしたら？

温度センサー他、センサーが異常を検知してエラーになる場合があります。原因はさまざまなので、取扱説明書を確認してください。

Q カレールウは
なぜ後から入れるの？

カレールウなど、強いとろみがつくものを密閉状態で加熱するのは危険です。加熱調理後に加えて混ぜ、**鍋モード**で煮ましょう。生クリームなど泡の出やすい食材を加える際も、温度調理の後、仕上げに入れて**鍋モード**で温めます。

生活スタイルに合った
使い方ができます

食事作りは1日3回、これはなかなか大変、しんどいです。電気圧力鍋のほったらかし調理を
うまく取り入れれば、料理を作る時間帯にしばられず、くらしのすき間で一品作れます。自分
の生活に合った使い方、レパートリーを増やしていけるといいですね。

日中忙しいときは、朝のうちに
材料を準備すればラク!

朝ごはんのついでに材料を準備し、冷蔵庫に入れておけば、夕ごはんの仕込みは完了! 鍋には予約調理機能もありますが、生の肉や魚を長時間鍋に入れておくと傷むので、本書で紹介する手動調理ではNGです。

余裕のあるときに1品
作っておく、というのもアリです

煮ものや野菜の副菜など、時間をおいてもおいしく食べられる料理なら、朝のうちに1品作っておく、夜に翌日分を作る、ということもできます。ただし、清潔な容器に入れて冷蔵庫で保存し、翌日には食べきりましょう。

食材のアレンジは
どんどんチャレンジして!
自分のメニューにしていきましょう

食材をかえれば同じメニューでも食べ飽きません。野菜は、加熱するうちにかさが減るので、やや多めに入れても大丈夫。ただし、ふたにぴったりくっついて調圧弁をふさがないようにしましょう。水分は、必ず内鍋の水位線を守ってください。味がえのヒントも紹介しているので、ぜひ[おいしいヒント]を見てください。

蒸すだけ、ゆでるだけという
シンプルな使い方も
おすすめです

野菜を蒸せば、そのままでも食べられるし、料理の下ごしらえにもなります。蒸し鶏も使い勝手がいいですよ。温度調理で肉をゆでるところまでやる、という使い方をしてもいいと思います。

蒸し調理の詳しい方法は→P.66参照

part **2**

もっと食べたい
野菜おかず・スープ

野菜料理は意外に手間がかかるし、いろいろな種類をとるのは大変です。
ほったらかし調理で、野菜料理のレパートリーが増やせます。

とにかく野菜をたっぷり食べたい！　というときにおすすめのメニュー。
お好みで、きのこやれんこんを加えるなど野菜の種類をかえて作ってもOKです。

ラタトゥイユ

落とし
ぶた

できあがり
約55分

3.0ℓタイプ

材料（2〜3人分）

玉ねぎ	½個（100g）
パプリカ（黄）	1個
なす	2本
ズッキーニ	½本
トマト	2個（400g）
にんにく（みじん切り）	1かけ

A
ローリエ	2枚
オリーブ油	大さじ1と½
塩	小さじ⅔
こしょう	少々

下ごしらえ

・**玉ねぎ**…1.5〜2cm四方に切る。
・**パプリカ**…乱切りにする。
・**なす**…幅1.5cmの半月切り、大きければいちょう切りにする。
・**ズッキーニ**…幅1.5cmの半月切りかいちょう切りにする。
・**トマト**…ざく切りにする。

作り方

1 内鍋に入れる

内鍋に**A**と野菜を入れて混ぜ合わせ、アルミホイルで**落としぶた**をする。

2 加熱調理スタート

手動メニュー

▼

温度調理→100℃

▼

調理時間→**45分**

▼

レバー→排気

▼

決定

3 軽く煮詰める

加熱調理が終わったら、鍋モード・火力5で10分ほど、煮詰める。

おいしいヒント
・余った分は冷凍して、パスタソースなどにしてもよい。

〔 他の容量の鍋で作る場合は 〕

2.2ℓタイプ

材料（2人分）

玉ねぎ	⅓個（70g）
パプリカ（黄）	⅔個
なす	1本
ズッキーニ	⅓本
トマト（大）	1個（250g）
にんにく（みじん切り）	
	1かけ

A
ローリエ	1〜2枚
オリーブ油	大さじ1
塩	小さじ½
こしょう	少々

4.0ℓタイプ

材料（4人分）

玉ねぎ	1個（200g）
パプリカ（黄）	2個
なす	3本
ズッキーニ	1本
トマト	4個（800g）
にんにく（みじん切り）	
	2かけ

A
ローリエ	4枚
オリーブ油	大さじ3
塩	小さじ1と⅓
こしょう	少々

ごま油の香りと豆もやしの食感が食欲をそそります。
仕上げに白ごまをかけて食べてもおいしい。

ミックスナムル

できあがり
約**30**分

3.0ℓタイプ

材料（2〜3人分）

大豆もやし・・・・・・・・・・・・・・・・・・・1袋（200g）
にんじん・・・・・・・・・・・・・・・・・・・・½本（75g）
ぜんまい水煮・・・・・・・・・・・・・・・・・・70g
小松菜（またはほうれん草）・・・・・・½わ（100g）

A
┌ にんにく（すりおろし）・・・・・・・・小さじ½
│ ごま油・・・・・・・・・・・・・・・・・・・・大さじ2
│ 鶏がらスープの素・・・・・・・・・・小さじ2
└ 塩・こしょう・・・・・・・・・・・・・・・・各少々

下ごしらえ

・**にんじん**・・・長さ3〜4cmのせん切りにする。
・**ぜんまい**・・・水けをきって、食べやすい長さに切る。
・**小松菜**・・・長さ5cmに切る。

作り方

1 内鍋に入れる

切った野菜と大豆もやしを内鍋に入れる。小松菜の茎は下に、葉は一番上になるようにする。Aを混ぜて回しかける。

2 加熱調理スタート

手動メニュー

▼

温度調理→100℃

▼

調理時間→20分

▼

レバー→排気

▼

決定

加熱後、全体を混ぜる。

おいしいヒント

・加熱調理後に、白すりごま大さじ1〜2を加えてもおいしい。
・野菜の歯ごたえを残したい場合は、調理時間を15分にしても。

〔他の容量の鍋で作る場合は〕

2.2ℓタイプ

材料（1〜2人分）

大豆もやし・・・・・・¾袋（150g）
にんじん・・・・・・・⅓本（50g）
ゼンマイ水煮・・・・・・・50g
小松菜（またはほうれん草）
　・・・・・・・・・・・・⅓わ（60g）

A
┌ にんにく（すりおろし）
│ 　・・・・・・・・・・小さじ⅓
│ ごま油・・・・・大さじ1と½
│ 鶏がらスープの素
│ 　・・・・・・・・小さじ1と½
└ 塩・こしょう・・・・・各少々

4.0ℓタイプ

材料（4人分）

大豆もやし
　・・・・・・・・・1と½袋（300g）
にんじん・・・・・1本（150g）
ゼンマイ水煮・・・・・・140g
小松菜（またはほうれん草）
　・・・・・・・・・・・・・1わ（200g）

A
┌ にんにく（すりおろし）
│ 　・・・・・・・・・・小さじ1
│ ごま油・・・・・・・大さじ4
│ 鶏がらスープの素
│ 　・・・・・・・・大さじ1と⅓
└ 塩・こしょう・・・・・各少々

乾物料理ももっと食卓に登場させたいですよね。
ご飯によく合う、甘辛味に仕上げました。

切り干し大根の煮もの

 落としぶた

 てきあがり 約30分

3.0ℓタイプ

材料（2〜3人分）

切り干し大根（乾燥）……………… 30g
にんじん ………………… ⅓本（40〜50g）
ちくわ（小）………………………1本（35g）

A
- 和風だしの素（顆粒）……… 小さじ½
- しょうゆ・砂糖 ………各大さじ1と½
- 酒・みりん ………………… 各大さじ1
- 水 ……………………………… 1カップ

下ごしらえ

・**切り干し大根**…水につけて戻し、水けを軽く絞って食べやすい長さに切る。
・**にんじん**…長さ3〜4cmの細切りにする。
・**ちくわ**…幅5mmの輪切りにする。

作り方

1 内鍋に入れる

内鍋に全ての材料とAを入れて混ぜ合わせ、アルミホイルで落としぶたをする。

2 加熱調理スタート

| 手動メニュー |
| 温度調理→100℃ |
| 調理時間→20分 |
| レバー→排気 |
| 決定 |

加熱後、全体を混ぜる。

おいしいヒント
・ちくわのかわりに、油揚げ½枚を食べやすい大きさに切って入れてもよい。

〔 他の容量の鍋で作る場合は 〕

2.2ℓタイプ

材料（2〜3人分）

切り干し大根（乾燥）
………………………… 30g
にんじん… ⅓本（40〜50g）
ちくわ（小）……1本（35g）

A
- 和風だしの素（顆粒）
………………… 小さじ½
- しょうゆ・砂糖
………… 各大さじ1と½
- 酒・みりん …各大さじ1
- 水 …………… 1カップ

4.0ℓタイプ

材料（4〜6人分）

切り干し大根（乾燥）
………………………… 60g
にんじん………… ⅔本（100g）
ちくわ（小）………2本（70g）

A
- 和風だしの素（顆粒）
………………… 小さじ1
- しょうゆ・砂糖
………………… 各大さじ3
- 酒・みりん …各大さじ2
- 水 …………… 2カップ

油揚げのかわりに、厚揚げ½枚を細切りにして入れるのもおすすめ。

ひじきの煮もの

3.0ℓタイプ

材料（3〜4人分）

芽ひじき（乾燥） ……………………… 15g
にんじん ……………………………… ⅓本（50g）
油揚げ …………………………………… ½枚
大豆（水煮またはドライパック） … 50g
A { 和風だしの素（顆粒） ……… 小さじ½
しょうゆ・みりん・酒 … 各大さじ2
砂糖・水 …………………… 各大さじ1

下ごしらえ

・ひじき…水につけて戻し、水けをきる。

・にんじん…長さ4cmの細切りにする。

・油揚げ…長さ4cm、幅5mmくらい切る。

作り方

1 内鍋に入れる

内鍋に全ての材料と**A**を入れて混ぜ合わせ、アルミホイルで**落としぶた**をする。

2 加熱調理スタート

手動メニュー
温度調理→100℃
調理時間→20分
レバー→排気
決定

加熱後、全体を混ぜる。

〔他の容量の鍋で作る場合は〕

2.2ℓタイプ

材料（3〜4人分）
芽ひじき（乾燥）：15g／にんじん：⅓本（50g）／油揚げ：½枚／大豆（水煮またはドライパック）：50g
【**A**：和風だしの素（顆粒）：小さじ½／しょうゆ・みりん・酒：各大さじ2／砂糖・水：各大さじ1】

4ℓタイプ

材料（4〜6人分）
芽ひじき（乾燥）：30g／にんじん：⅔本（100g）／油揚げ：1枚／大豆（水煮またはドライパック）：100g
【**A**：和風だしの素（顆粒）：小さじ1／しょうゆ・みりん・酒：各大さじ4／砂糖・水：各大さじ2】

食べるときにパセリのみじん切りを加えるとよりおいしい！

きのこのガーリックソテー風

てきあがり
約**30**分

材料（2人分）

しめじ	1袋（80g）
まいたけ	1パック（80g）
マッシュルーム	4〜6個
生しいたけ	4枚
にんにく（みじん切り）	2かけ

A ┌ オリーブ油 ……… 大さじ1と½
　└ 塩 …………… 小さじ⅓〜½

下ごしらえ

・しめじ、まいたけ…ほぐす。
・マッシュルーム…幅5mmに切る。
・生しいたけ…幅5mmに切る。

┌─────────────────┐
│ **おいしいヒント**
│ ・きのこの種類はお好みで。
│ 　エリンギでもおいしい。
└─────────────────┘

作り方

1 内鍋に入れる

内鍋に全ての材料とAを入れて混ぜ合わせる。

2 加熱調理スタート

手動メニュー
↓
温度調理→100℃
↓
調理時間→20分
↓
レバー→排気
↓
決定

3 軽く煮詰める

加熱後、全体を混ぜて鍋モード・火力5で軽く煮詰める。

★食べるときに粗挽き黒こしょうをふる。

〔 他の容量の鍋で作る場合は 〕

2.2ℓタイプ

材料（1〜2人分）
しめじ：½袋強（50g）／まいたけ：½パック強（50g）／マッシュルーム：3〜4個／生しいたけ：3枚／にんにく（みじん切り）：1と½かけ／オリーブ油：大さじ1／塩：小さじ¼〜⅓

4.0ℓタイプ

材料（4人分）
しめじ（大）：1袋（120g）／まいたけ：120g／マッシュルーム：8個／生しいたけ：6枚／にんにく（みじん切り）：3かけ／オリーブ油：大さじ2と½／塩：小さじ⅔〜1

食べ応えのある一品です。パスタと合わせてもおいしい！

なすのチーズ蒸し

できあがり
約**35**分

3.0ℓタイプ

材料（2人分）

なす	2本
オリーブ油・酒	各大さじ½
ケチャップ	大さじ1
ピザ用チーズ	50g

下ごしらえ

・**なす**…縦に幅5mmに切る。

おいしいヒント

・下のほうが火が通りやすいので、大きいなすは下に入れるようにするとよい。

作り方

1 内鍋に入れる

内鍋にオリーブ油を入れて広げ、なすを敷きつめる。酒をふり、ケチャップを塗って、ピザ用チーズをのせる。

2 加熱調理スタート

```
手動メニュー
   ↓
温度調理→100℃
   ↓
調理時間→25分
   ↓
レバー→排気
   ↓
決定
```

★食べるときに粗挽き黒こしょう適量をふる。

〔 他の容量の鍋で作る場合は 〕

2.2ℓタイプ

材料（1〜2人分）

なす：1〜2本/オリーブ油：大さじ½/酒：大さじ1/ケチャップ：小さじ2〜3/ピザ用チーズ：40〜50g

4.0ℓタイプ

材料（4人分）

なす：4本/オリーブ油・酒：各大さじ1ケチャップ：大さじ2/ピザ用チーズ：100g

食べるときに、青じそをちぎって散らすのもおすすめです。

なすとピーマンの甘みそ炒め風

 落としぶた
 できあがり 約**30**分

3.0ℓタイプ

材料（2人分）

なす	2本
ピーマン	2個
A しょうが（すりおろし）	小さじ½
みそ	大さじ1と½
ごま油・みりん	各大さじ1
砂糖	大さじ1弱
しょうゆ	小さじ1

下ごしらえ

・なす…一口大の乱切りにする。
・ピーマン…一口大の乱切りにする。

┌─────────────────┐
│ **おいしいヒント**
│
│ ・加熱調理後、鍋モード・火力5で軽く炒めて水分をとばしてもよい。
└─────────────────┘

作り方

1 内鍋に入れる

内鍋にAを入れてよく混ぜ合わせる。なす、ピーマンを加えて混ぜ合わせ、アルミホイルで**落としぶた**をする。

2 加熱調理スタート

```
┌─────────────────┐
│   手動メニュー    │
└─────────────────┘
┌─────────────────┐
│ 温度調理→100℃  │
└─────────────────┘
┌─────────────────┐
│ 調理時間→20分   │
└─────────────────┘
┌─────────────────┐
│  レバー→排気     │
└─────────────────┘
┌─────────────────┐
│      決定        │
└─────────────────┘
```

加熱後、全体を混ぜる。

〔 他の容量の鍋で作る場合は 〕

2.2ℓタイプ

材料（2人分）

なす：2本／ピーマン：1～2個
【A：しょうが（すりおろし）：小さじ½／みそ：大さじ1と½／ごま油・みりん：各大さじ1／砂糖：大さじ1弱／しょうゆ：小さじ1】

4.0ℓタイプ

材料（4人分）

なす：4本／ピーマン：4個
【A：しょうが（すりおろし）：小さじ1／みそ：大さじ3／ごま油：大さじ2／砂糖：大さじ2と⅓／みりん：大さじ1／しょうゆ：小さじ2】

できあがったら一度混ぜ、しばらくおくとより味がなじみます。

さつまいもとにんじんの甘煮

 落としぶた

 できあがり 約30分

3.0ℓタイプ

材料（2人分）

さつまいも	………………	½本（200g）
にんじん	………………	1本（150g）

A
砂糖	………………	大さじ3
しょうゆ	………………	小さじ⅓
塩	………………	小さじ¼
水	………………	1と½カップ

下ごしらえ

・さつまいも…皮付きのまま幅1cmの輪切りにし、水に1分さらして水けをきる。
・にんじん…幅1cmの輪切りにする。

おいしいヒント

・さつまいもは、大きいものでも輪切りがおすすめ。そのほうが煮崩れしにくくなる。

作り方

1 内鍋に入れる

内鍋にAを入れて混ぜ合わせる。さつまいも、にんじんを加えて混ぜ合わせ、アルミホイルで落としぶたをする。

2 加熱調理スタート

手動メニュー
温度調理→100℃
調理時間→20分
レバー→排気
決定

加熱後、上下を返す。

〔 他の容量の鍋で作る場合は 〕

2.2ℓタイプ

材料（2人分）

さつまいも：½本（200g）／にんじん：1本（150g）
【A：砂糖：大さじ3／しょうゆ：小さじ⅓／塩：小さじ¼／水：1と½カップ】

4.0ℓタイプ

材料（4人分）

さつまいも：1本（400g）／にんじん：2本（300g）
【A：砂糖：大さじ5／しょうゆ：小さじ⅔／塩：小さじ⅓〜½／水：2カップ】

より彩りをよくするなら、にんじんのせん切りを加えても。

小松菜と油揚げの煮びたし

落としぶた

できあがり
約**25**分

3.0ℓタイプ

材料（2人分）

小松菜 ························· 1わ（250g）
油揚げ ················· 1枚（または½枚）

A
┌ 和風だしの素（顆粒）····· 小さじ½
│ みりん・酒 ············· 各大さじ1
│ しょうゆ ····················· 小さじ2
└ 水 ······················· 大さじ4

下ごしらえ

・小松菜…長さ4〜5cmに切る。
・油揚げ…短辺の幅を半分に切り、幅1cmに切る。

おいしいヒント

・Aのかわりに、めんつゆ（ストレートタイプ）½カップにしてもOK（2.2ℓタイプも½カップ、4.0ℓタイプは1カップ弱）。

作り方

1 内鍋に入れる

内鍋に、油揚げ、小松菜の茎、小松菜の葉の順に入れる。**A**を混ぜてかけ、アルミホイルで**落としぶたをする。**

2 加熱調理スタート

手動メニュー
↓
温度調理→100℃
↓
調理時間→15分
↓
レバー→排気
↓
決定

加熱後、全体を混ぜる。

〔 他の容量の鍋で作る場合は 〕

2.2ℓタイプ

材料（1〜2人分）
小松菜：1わ（150〜200g）/油揚げ：½枚
【A和風だしの素（顆粒）：小さじ⅓/みりん・酒：各小さじ2/しょうゆ：大さじ½/水：¼カップ】

4.0ℓタイプ

材料（4人分）
松菜：2わ（400〜500g）/油揚げ：2枚（または1枚）
【A：和風だしの素（顆粒）：小さじ1/みりん・酒：各大さじ2/しょうゆ：大さじ1と⅓/水：120mℓ】

小さめの玉ねぎを丸ごとで煮ると、切ったときとは違うおいしさです！
玉ねぎの上にバターをのせておくと、味しみがよくなります。

丸ごと玉ねぎのスープ

できあがり
約**60**分

3.0ℓタイプ

材料（2人分）

玉ねぎ（小）······················2個（約300g）
ベーコン····································2枚
洋風スープの素（固形）·····················2個
水···3カップ
バター······································8g

下ごしらえ

・玉ねぎ…上下を切り落とし、根元に
　十文字の切り込みを入れる。
・ベーコン…長さを4等分に切る。

作り方

1 内鍋に入れる

内鍋に洋風スープの素、水、
ベーコンを入れる。玉ねぎを
入れ、上にバターをちぎって
のせる。

2 加熱調理スタート

手動メニュー

↓

温度調理→100℃

↓

調理時間→50分

↓

レバー→排気

↓

決定

★食べるときにパセリのみじん切りを散らす。

> **おいしいヒント**
> ・加熱調理後、玉ねぎに竹串を刺してみてやわらかければOK。かたい場合は温度調理100℃でさらに10分加熱する。
> ・スープは多めにできるので、取り分けて他のスープに利用してもよい。冷凍もOK。
> ・加熱調理後に生クリーム¼カップ（4.0ℓの場合は⅓カップ）を入れ、鍋モード・火力4で温めるのもおすすめ。

〔 他の容量の鍋で作る場合は 〕

2.2ℓタイプ

材料（2人分）

玉ねぎ（小）
·····················2個（約300g）
ベーコン····································2枚
洋風スープの素（固形）
··2個
水···3カップ
バター······································8g

4.0ℓタイプ

材料（4人分）

玉ねぎ（小）
·····················4個（約600g）
ベーコン····································4枚
洋風スープの素（固形）
··3個
水···5カップ
バター······································15g

具だくさんの汁ものはおかずがわりにもなります。
あとは温かいご飯があればOK！

豚汁

できあがり
約**35**分

3.0ℓタイプ

材料（2人分）

豚こま切れ肉	50g
油揚げ	⅓枚
こんにゃく	30g
ごぼう	¼本
にんじん	¼本（40g）
長ねぎ	5cm
白菜	½枚
和風だしの素（顆粒）	小さじ1
水	2カップ

★加熱後

みそ	大さじ1と⅓

下ごしらえ

- **油揚げ**…長さ3cm、幅8mmくらいに切る。
- **こんにゃく**…2cm四方の薄切りにする。
- **ごぼう**…斜め薄切りにする。
- **にんじん**…幅2～3mmのいちょう切りにする。
- **長ねぎ**…小口切りにする。
- **白菜**…3～4cm四方に切る。

作り方

1 内鍋に入れる

内鍋に、みそ以外の全ての材料を入れて軽く混ぜ合わせる。

2 加熱調理スタート

手動メニュー
↓
温度調理→100℃
↓
調理時間→25分
↓
レバー→排気
↓
決定

3 みそを加える

加熱調理が終わったら、みそを溶き入れる。

★食べるときに七味唐辛子少々をふる。

> **おいしいヒント**
> - みそを少し煮てから食べたい場合は鍋モード・火力4で3～5分煮る。
> - 具は、大根、キャベツ、かぶ、しいたけ、しめじ、じゃがいも、厚揚げなどお好みで。野菜の総量が分量と同じくらいになればOK。

〔 他の容量の鍋で作る場合は 〕

2.2ℓタイプ

材料（2人分）

豚こま切れ肉	50g	白菜	⅓～½枚
油揚げ	⅓枚	和風だしの素（顆粒）	小さじ1
こんにゃく	30g	水	2カップ
ごぼう	¼本	みそ	大さじ1と⅓
にんじん	¼本（40g）		
長ねぎ	5cm		

4.0ℓタイプ

材料（4人分）

豚こま切れ肉	100g	白菜	1枚
油揚げ	⅔枚	和風だしの素（顆粒）	小さじ2
こんにゃく	60g	水	3と½カップ
ごぼう	½本	みそ	大さじ2～2と½
にんじん	½本（75g）		
長ねぎ	10cm		

豚肉とあさり、ダブルのうまみでぐっと深い味わいになります。
豆腐入りなので食べ応えもアップ。

チゲ風スープ

できあがり
約30分

3.0ℓタイプ

材料(2〜3人分)

豚こま切れ肉‥‥‥‥‥‥‥‥‥50g
あさり(砂抜きしたもの)‥‥‥‥100g
絹ごし豆腐‥‥‥‥‥‥‥‥‥‥200g
大豆もやし‥‥‥‥‥‥‥‥‥‥60g
にら‥‥‥‥‥‥‥‥‥‥‥‥‥½わ

A 「 白菜キムチ‥‥‥‥‥‥‥‥60g
白すりごま・コチュジャン‥‥各小さじ2
鶏がらスープの素‥‥‥‥‥小さじ1
水‥‥‥‥‥‥‥‥‥‥1と½カップ

下ごしらえ

・**あさり**…殻をこすり合わせるように
　洗って水けをきる。
・**豆腐**…6〜8等分に切る。
・**にら**…長さ4cmに切る。

作り方

1 内鍋に入れる

内鍋にAを入れて混ぜる。
豚肉を加えてほぐし、残りの
材料を順番に加える(一番
上に、にらをのせる)。

2 加熱調理スタート

手動メニュー
▼
温度調理→100℃
▼
調理時間→20分
▼
レバー→排気
▼
決定

〔 他の容量の鍋で作る場合は 〕

2.2ℓタイプ

材料(2人分)

豚こま切れ肉‥‥‥‥50g
あさり(砂抜きしたもの)
‥‥‥‥‥‥‥‥‥‥80g
絹ごし豆腐‥‥‥‥150g
大豆もやし‥‥‥‥‥50g
にら‥‥‥‥‥‥‥‥⅓わ

A 「 白菜キムチ‥‥‥‥60g
白すりごま・コチュジャン
‥‥‥‥‥‥各小さじ2
鶏がらスープの素
‥‥‥‥‥‥‥小さじ1
水‥‥‥‥‥1と½カップ

4.0ℓタイプ

材料(4人分)

豚こま切れ肉‥‥‥‥‥100g
あさり(砂抜きしたもの)
‥‥‥‥‥‥‥‥‥‥200g
絹ごし豆腐‥‥‥‥‥400g
大豆もやし‥‥‥‥‥120g
にら‥‥‥‥‥‥‥‥‥1わ

A 「 白菜キムチ‥‥‥‥120g
白すりごま・コチュジャン
‥‥‥‥各大さじ1と⅓
鶏がらスープの素
‥‥‥‥‥‥‥小さじ2
水‥‥‥‥‥‥‥3カップ

蒸し調理を覚えると便利！

蒸し調理は、素材にしっとりふっくら火を通せる調理方法。
ドレッシングやポン酢しょうゆをかけるだけでもおいしいので、使い勝手のよい調理方法です。

★2.2ℓ、3.0ℓ、4.0ℓ、どのタイプでも蒸し時間は同じです。
　好みの量（蒸しプレートにのせられるだけの量）の野菜や肉、魚を調理してください。

ホットサラダが簡単に！

シンプル蒸し野菜

できあがり
それぞれの野菜の
調理時間 ＋ 約10分

※蒸しトレーに、重ねずに入
れられる分量で蒸しましょう。

基本の蒸し方

1 下ごしらえをする

内鍋に水1カップ
を入れる。野菜
を使いやすい大
きさに切る。同じ
大きさに切り揃え
ると、加熱ムラ
が防げる。

2 内鍋に入れる

蒸しプレートに
野菜をのせ、
内鍋に入れる。

3 加熱調理スタート

| 手動メニュー |
| 蒸し調理 |
| 調理時間→野菜の種類に合わせて |
| レバー→排気 |
| 決定 |

調理のポイント

❶野菜は同じ大きさに切る
大きさが違うと、火の通り方にムラができるの
で、できるだけ同じ大きさに揃える。

❷蒸したりなければ、追加加熱を
野菜がかたいようなら、様子をみながら3〜5分加
熱する。すでに鍋の温度は上がっているので、表
示のできあがり時間よりも早く蒸せる。水が足りな
ければ少し足して。

❸2つの野菜を同時でもOK
かたさが同じくらいの野菜なら、2種類同時に
蒸すこともできる。

野菜の蒸し時間目安表

大きさ、水分などによって蒸し時間は変わるので目安とし
て考えてください。

野菜	切り方	調理時間
じゃがいも	4〜6等分に切る	25分
さつまいも	幅1cmの輪切りにする	20分
なす	へたを落として丸ごと	20分
かぼちゃ	4cm四方に切る	15〜20分
にんじん	幅8mmの輪切りにする	15〜20分
かぶ	4〜6等分くし形切りにする	15分
とうもろこし	皮をむき、蒸しトレーに入る大きさに切る	10分
ブロッコリー	小房に分ける	8〜10分
枝豆	塩をまぶす（塩は重量の1%）	8分
キャベツ	ざく切りにする	5分

蒸し野菜で一品！
カラフルホットサラダ

ゆで卵を足したり、レタスなどの生野菜と組みあわせてもおいしい。

材料（2〜3人分）
好みの蒸し野菜（じゃがいも、にんじん、
　ブロッコリーなど）……………………適量
ツナ（缶詰／70g）………………1缶（70g）
好みのチーズ・好みのナッツ………各適量
ヨーグルトドレッシング（下記参照）………適量

作り方
1 蒸し野菜とチーズ、ナッツなどを合わ
　　せ、ドレッシングをかける。

蒸し野菜をおいしくする **ドレッシング3種**

ヨーグルトドレッシング

材料
（作りやすい分量／2〜3人分）
マヨネーズ ………………… 大さじ3
ケチャップ・ヨーグルト（無糖）
……………………………各大さじ1
塩・こしょう・にんにく（すりおろし）・
チリパウダー（あれば）……各少々

【こんなサラダに】
蒸したグリーンアスパラガスやじゃがい
もにゆで卵、カリッと焼いたトーストを合
わせて。

中華風ドレッシング

材料
（作りやすい分量／2〜3人分）
ごま油 ………………… 大さじ2
しょうゆ・酢………………各大さじ1
しょうが（すりおろし）・白いりごま・
砂糖 ………………各小さじ½

【こんなサラダに】
蒸しなすにかけるだけでもOK。蒸した
キャベツとツナや蒸し鶏の組み合わせも
おすすめ。

和風玉ねぎドレッシング

材料
（作りやすい分量／2〜3人分）
サラダ油 ………………… 大さじ2
玉ねぎ（すりおろし）・酢・しょうゆ
……………………………各大さじ1
しょうが（すりおろし）・砂糖
………………………各小さじ½

【こんなサラダに】
蒸したさつまいもやかぼちゃ、グリーンア
スパラガスとフレッシュな葉野菜を合わ
せて。

アレンジは自由自在！

蒸し鶏

できあがり
約**30**分

※蒸しトレーに、重ねずに入れられる分量で蒸しましょう。鶏肉を重ねてしまうと火が通りにくくなります。

基本の蒸し方

1 下ごしらえをする

鶏もも肉（または鶏むね肉／1～2枚）の水けを拭いて、両面に塩適量をまぶす（下記参照）。

2 内鍋に入れる

内鍋に水1カップを入れる。蒸しプレートにオーブン用シートを敷いて鶏肉をのせ、内鍋に入れる。

3 加熱調理スタート

| 手動メニュー |
| 蒸し調理 |
| 調理時間→**20**分 |
| レバー→排気 |
| 決定 |

★冷蔵庫で2～3日は保存できる。清潔な保存容器に入れるか、ラップに包むなどして冷蔵庫へ。

調理のポイント

1 水けはしっかり拭く

トレイから出したときについている汁けは臭みのもとになるので、ペーパータオルでおさえてしっかり水けをとる。

2 塩加減を覚える

・調味料をかけて食べる場合＝塩は少々でOK。控えめに。

・蒸してそのまま食べる場合＝重量に対して1％を目安に。300gなら3g（小さじ½強くらい）、500gなら5g（小さじ1くらい）。

3 厚みは均一にする

むね肉など厚みに差があるものは、包丁で切り込みを入れて開き、厚さが均一になるようにすると加熱ムラも防げる。プレートに並べる際は鶏肉が重ならないようにする。

蒸し鶏で一品!
よだれ鶏

ラー油入りのたれをかければ、食欲をそそる一品に。添える野菜はお好みで。

材料(2人分)

蒸し鶏(鶏もも肉)‥‥‥‥‥‥‥‥‥‥1枚
●よだれ鶏のたれ
┌ 酢(あれば黒酢)‥‥‥‥‥‥‥‥大さじ3
│ しょうゆ‥‥‥‥‥‥‥‥‥‥‥‥大さじ2
│ ラー油‥‥‥‥‥‥‥‥‥‥‥‥大さじ½
│ 砂糖‥‥‥‥‥‥‥‥‥‥‥‥‥‥大さじ1
│ にんにく・しょうが(各すりおろし)
│ ‥‥‥‥‥‥‥‥‥‥‥‥‥‥‥各小さじ½
│ 黒すりごま(または白すりごま)‥大さじ1
└ 花椒(ホワジャオ/あれば)‥‥小さじ½
香菜・ピーナッツ‥‥‥‥‥‥‥‥‥各適量

作り方

1 蒸し鶏は食べやすい大きさのそぎ切りにして器に盛る。

2 たれの材料を混ぜてかけ、ピーナッツを砕いて散らし、香菜を添える。

※たれは、小鍋に入れてサッと煮立てると砂糖が溶けて味がなじみやすい。4.0ℓタイプの場合は1.5倍の分量で。

蒸し鶏のアレンジ&活用アドバイス

・香味野菜でひと工夫	長ねぎやしょうがなど、香味野菜をのせて蒸すと風味もアップ。セロリやパセリと合わせても。
・バンバンジーも簡単	食べやすく切って、白練りごまベースのたれをかければバンバンジー風に!
・サンドイッチ、スープの具に	好みの大きさに切って使って。
・ソテーにしても	中は火が通っているので、表面をカリッと焼くだけ。マスタードを添えたり、サラダに入れても。

魚料理に迷ったらこれ！

シンプル魚蒸し

できあがり
約25分

※蒸しトレーに、重ねずに入れられる分量で蒸しましょう。魚の切り身を重ねてしまうと火が通りにくくなります。

基本の蒸し方

1 下ごしらえをする

魚の切り身（2〜4切れ）の水けを拭いて、両面に塩適量をふる（下記参照）。10分ほどおいて、水分が出てきたらペーパータオルで拭く。

2 内鍋に入れる

内鍋に水1カップを入れる。蒸しプレートにオーブン用シートを敷いて香味野菜、魚の切り身をのせ、内鍋に入れて酒小さじ1をふる。

3 加熱調理スタート

手動メニュー
蒸し調理
調理時間→15分
レバー→排気
決定

調理のポイント

1 水けはしっかり拭く

トレイから出したときについている汁けは臭みのもとになるので、ペーパータオルでおさえてしっかり水けをとる。

2 塩加減を覚える

・調味料をかけて食べる場合＝塩は少々でOK。控えめに。

・蒸してそのまま食べる場合＝重量に対して1％を目安に。300gなら3g（小さじ1/2強くらい）。

3 酒をふる

酒をふると、魚の臭みがとれて風味がアップする。切り身2切れに対して小さじ1くらい。洋風にしたい場合は白ワインにするとよい。

魚蒸しで一品!
ぶりの酒蒸し

しっとりした蒸し上がり。
シンプルで、あきないおいしさです。

材料（2人分）

ぶり（切り身）………………………	2切れ
塩……………………………	小さじ¼〜⅓
酒……………………………	小さじ1
長ねぎ（斜め薄切り）………………	½本
しょうが（せん切り）………………	⅓かけ
大根おろし・青じそ（せん切り）・	
ポン酢しょうゆ………………	各適量

作り方

1 ぶりは塩をふって、ねぎ、しょうがを敷き、酒をふって蒸す（左ページ基本の蒸し方参照）。

2 器に香味野菜とともに盛り、大根おろしを添えてポン酢しょうゆをかけ、青じそをのせて一緒に食べる。

蒸し魚のアレンジ＆活用アドバイス

•仕上げのたれにひと工夫	オリーブ油やハーブ（パセリ、ディルなど）をかければ洋風、ねぎだれをかければ中華風に。
•いろいろな魚介で試してみて	サーモン、たら、たいの切り身などもおすすめ。火の通りやすいえび、いかでもOK。
•紙包み蒸しもおすすめ	切り身魚の下に野菜やきのこを敷いて上にチーズをのせれば、とろりと溶けます。あさりを包んで酒をふって蒸せば、あさりの酒蒸しに！
•サラダの具に	塩だけで蒸したサーモンや鮭、めかじきは、食べやすく切ったりほぐしたりしてサラダに入れて。

ゆで卵 & 温泉卵もできる!

温度調理機能で、ゆで卵の半熟、かたゆでの作りわけができます。
低温のキープもできるので、温泉卵も失敗なし! ぜひ活用してください。

★2.2ℓ、3.0ℓ、4.0ℓ、どのタイプでも加熱時間は同じです。水分量を守って、好みの数で作ってください。

ゆで卵

蒸しゆでにするので、水は½カップで大丈夫です。

できあがり
約20分
〜25分

1 内鍋に入れる

内鍋に、卵と水½カップを
入れる。

2 加熱調理スタート

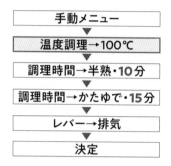

| 手動メニュー |
| 温度調理→100℃ |
| 調理時間→半熟・10分 |
| 調理時間→かたゆで・15分 |
| レバー→排気 |
| 決定 |

3 冷水にとる

加熱調理が終わったら、すぐに冷
水にとって冷ます。

半熟　　　　かたゆで

温泉卵

加熱時間によってかたまり具合は変わるので、
好みの加減をみつけてください。

できあがり
約50分

1 内鍋に入れる

内鍋に卵を入れ、給湯器の
湯(40℃くらい)を、卵がかく
れるまで入れる(最大水位
線は超えないように)。

2 加熱調理スタート

| 手動メニュー |
| 低温・発酵調理→65℃ |
| 調理時間→40分 |
| レバー→排気 |
| 決定 |

★調理時間を50分にすると、より卵黄
がねっとりとした仕上がりに。

3 冷水にとる

加熱調理が終わったら、すぐに冷
水にとって冷ます。

part *3*

圧力調理だから
できるごちそう

ふつうの鍋では長時間煮ないとやわらかくならないかたまり肉や牛すね肉の料理が
簡単に作れます。豆料理や骨付き魚の煮ものもトライしてみて。

圧力調理の王道料理！
豚肉のやわらかさ、味しみのよさが実感できます。

豚の角煮

落としぶた

できあがり
約60分

材料（2〜3人分）

豚バラかたまり肉	400g
長ねぎの青い部分	½〜2本分
しょうが（薄切り）	2〜3枚
しょうゆ	大さじ2と½
酒・砂糖	各大さじ2
みりん	大さじ1
水	½カップ

★加熱後

ゆで卵	3個

下ごしらえ

・豚肉…厚さ3cmに切る。

おいしいヒント

・豚肉の脂を落としたい場合は、最初にかぶる程度の水（約3カップ）を入れ、温度調理100℃で20分で加熱し、ゆでた湯を捨ててサッと鍋を洗ってから作るとよい。その場合、水の分量を¼カップほど増やして煮る。

作り方

1 内鍋に入れる

内鍋に、ゆで卵以外の材料を全て入れて混ぜ合わせ、アルミホイルで落としぶたをする。

2 加熱調理スタート

手動メニュー
▼
圧力調理
▼
加圧時間→15分
▼
レバー→密封
▼
決定

3 ゆで卵を入れて煮る

加熱調理が終わったら豚肉の上下を返し、殻をむいたゆで卵を加えて、鍋モード・火力5で5分ほど、時々上下を返しながら煮る。

〔 他の容量の鍋で作る場合は 〕

材料（2人分）

豚バラかたまり肉	300g	みりん	大さじ1
長ねぎの青い部分		水	½カップ
	½〜2本分	ゆで卵	2個
しょうが（薄切り）	2〜3枚		
しょうゆ	大さじ2と½		
酒・砂糖	各大さじ2		

材料（4人分）

豚バラかたまり肉	600g	みりん	大さじ2
長ねぎの青い部分		水	¾カップ
	2本分	ゆで卵	4〜6個
しょうが（薄切り）	4〜5枚		
しょうゆ	大さじ5		
酒・砂糖	各大さじ4		

圧力調理で野菜がかなりやわらかくなるので、くずれないよう静かに混ぜましょう。
仕上げに生クリームをかけるのもおすすめ。ごちそう感がアップします。

ビーフシチュー

 落としぶた

 できあがり 約60分

3.0ℓタイプ

材料（2〜3人分）

牛すね肉	400g
にんじん	1本(150g)
玉ねぎ	1個(200g)
セロリ	½本(50g)
じゃがいも	2個(300g)
塩	小さじ½
こしょう	少々
赤ワイン	⅓カップ
トマト水煮(缶詰/カット)	100g
バター	10g
ローリエ(あれば)	2枚

★加熱後

A	デミグラスソース(缶詰)	1缶(290g)
	しょうゆ	小さじ1
	塩・黒こしょう	各少々

下ごしらえ

・牛すね肉…5〜6cm四方に切り、塩、こしょうをまぶす。
・にんじん…長さ6cm、縦4等分に切る。
・玉ねぎ…大きめのくし形切り。
・セロリ…斜め薄切りにする。
・じゃがいも…半分に切る。

作り方

1 内鍋に入れる

内鍋にA以外の全ての材料を入れて混ぜ合わせ、アルミホイルで落としぶたをする。

おいしいヒント
・とろりと仕上げたい場合は、鍋モード・火力5でさらに煮詰める。

2 加熱調理スタート

手動メニュー
▼
圧力調理
▼
加圧時間→15分
▼
レバー→密封
▼
決定

3 軽く煮詰める

加熱後、Aを加えて静かに混ぜ、鍋モード・火力4〜5で5〜10分、時々混ぜながら煮る。

〔 他の容量の鍋で作る場合は 〕

2.2ℓタイプ

材料（2人分）

牛すね肉	300g
にんじん	⅔本(100g)
玉ねぎ(小)	1個(150g)
セロリ	⅓本(35g)
じゃがいも	1個(150g)
塩	小さじ⅓
こしょう	少々
赤ワイン	¼カップ
トマト水煮(缶詰/カット)	70g
バター	8g
ローリエ(あれば)	1枚

A	デミグラスソース(缶詰)	200〜290g
	しょうゆ	小さじ1
	塩・黒こしょう	各少々

4.0ℓタイプ

材料（4〜5人分）

牛すね肉	600〜800g
にんじん	2本(300g)
玉ねぎ	2個(400g)
セロリ	1本(100g)
じゃがいも	3個(900g)
塩	小さじ⅔
こしょう	少々
赤ワイン	½カップ
トマト水煮(缶詰/カット)	150g
バター	20g
ローリエ(あれば)	4枚

A	デミグラスソース(缶詰)	2缶(580g)
	しょうゆ	小さじ2
	塩・黒こしょう	各少々

たこは、圧力調理で煮るとびっくりするほどやわらかくなります！
パスタに合わせて食べるのもおすすめ。

たこのトマト煮

落とし
ぶた

できあがり
約**50**分

3.0ℓタイプ

材料（2～3人分）

ゆでだこの足	200～250g
玉ねぎ	½個（100g）
セロリ	½本（50g）
ひよこ豆水煮（缶詰）	100g
オリーブ（黒）	8粒
にんにく（みじん切り）	2かけ
トマト水煮（缶詰／カット）	300g
オリーブ油	大さじ1と½
塩	小さじ½
黒こしょう	少々

作り方

1 内鍋に入れる

内鍋に全ての材料を入れて混ぜ合わせ、アルミホイルで**落としぶた**をする。

2 加熱調理スタート

手動メニュー
▼
圧力調理
▼
加圧時間→**5分**
▼
レバー→**密封**
▼
決定

下ごしらえ

- **ゆでだこの足**…長さ3～4cmに切る。
- **玉ねぎ**…薄切りにする。
- **セロリ**…斜め薄切りにする。

〔 他の容量の鍋で作る場合は 〕

2.2ℓタイプ

材料（2人分）

ゆでだこの足	200g
玉ねぎ	½個（100g）
セロリ	½本（50g）
ひよこ豆水煮（缶詰）	100g
オリーブ（黒）	8粒
にんにく（みじん切り）	2かけ
トマト水煮（缶詰／カット）	300g
オリーブ油	大さじ1と½
塩	小さじ½
黒こしょう	少々

4.0ℓタイプ

材料（4人分）

ゆでだこの足	400g
玉ねぎ	1個（200g）
セロリ	1本（100g）
ひよこ豆水煮（缶詰）	200g
オリーブ（黒）	16粒
にんにく（みじん切り）	4かけ
トマト水煮（缶詰／カット）	600g
オリーブ油	大さじ3
塩	小さじ1
黒こしょう	少々

コチュジャンは、甘みもうまみも強い、韓国のみそ風調味料。
こっくり味のスペアリブを、野菜と一緒に召し上がれ！

スペアリブのコチュジャン煮

落としぶた

できあがり約60分

3.0ℓタイプ

材料（2～3人分）

豚スペアリブ……………………500～600g
玉ねぎ ……………………… ¼個（50g）

A
┌ 焼き肉のたれ（市販品）
│ ……………………… ½カップ
│ 酒 …………………… 大さじ2
│ コチュジャン・しょうゆ・白練りごま
└ ……………………… 各大さじ1と½

下ごしらえ

・玉ねぎ…薄切りにする。

作り方

1 内鍋に入れる

内鍋にAを入れて混ぜ合わせる。スペアリブ、玉ねぎを加えて混ぜ合わせ、アルミホイルで落としぶたをする。

2 加熱調理スタート

```
手動メニュー
    ↓
圧力調理
    ↓
加圧時間→15分
    ↓
レバー→密封
    ↓
決定
```

加熱後、全体を混ぜる。

★食べるときにリーフレタスなどを添え、スペアリブと一緒に食べる。

おいしいヒント

・スペアリブの脂を落としたい場合は、最初にかぶる程度の水を入れて温度調理100℃で15分加熱し、ゆでた湯を捨ててサッと鍋を洗ってから作るとよい。下ゆですると肉の脂肪と水分が少し抜けるので、調理の際は、水大さじ2を足して煮る（他の容量タイプも同じ分量でOK）。

〔 他の容量の鍋で作る場合は 〕

2.2ℓタイプ

材料（2人分）

豚スペアリブ
………………400～500g
玉ねぎ …………¼個（50g）

A
┌ 焼き肉のたれ（市販品）
│ …………………… ½カップ
│ 酒…………………… 大さじ2
│ コチュジャン・しょうゆ・白練りごま
└ ………………… 各大さじ1と½

4.0ℓタイプ

材料（4人分）

豚スペアリブ
………………800～900g
玉ねぎ ………½個（100g）

A
┌ 焼き肉のたれ（市販品）
│ ………………… 1カップ
│ 酒…………………… 大さじ4
│ コチュジャン・しょうゆ・白練りごま
└ …………………… 各大さじ3

人気の台湾料理、ルーローハン風の味つけです。
ご飯にかけると、いくらでも食べられそう！

手羽元の台湾風煮込み

 落とし
ぶた

 できあがり
約52分

3.0ℓタイプ

材料（2〜3人分）

鶏手羽元······6〜8本
玉ねぎ······¼個(50g)
干ししいたけ(小)······3枚
しょうが(薄切り)······3〜4枚
にんにく(つぶす)······1かけ

A
しょうゆ・酒······各大さじ2
砂糖······大さじ1と½
オイスターソース······大さじ1
五香粉(ウーシャンフェン)······少々

下ごしらえ

・手羽元…水けをよく拭く。
・干ししいたけ…水につけて戻し、石づきを取って2〜4等分に切る。
・玉ねぎ…2cm四方に切る。

作り方

1 内鍋に入れる

内鍋にAを入れて混ぜる。残りの材料を全て入れて混ぜ、アルミホイルで落としぶたをする。

2 加熱調理スタート

手動メニュー
↓
圧力調理
↓
加圧時間→7分
↓
レバー→密封
↓
決定

加熱後、全体を混ぜる。

★食べるときに白髪ねぎを添える。

おいしいヒント

・砂糖の半量を黒砂糖にすると、よりコクのある味わいに。
・濃いめに仕上げたいときは、鍋モード・火力5で5〜8分ほど煮詰める。
・鶏肉のかわりに、豚バラや肩ロースのかたまり肉400〜500gで作ってもよい(2.2ℓタイプは300g、4.0ℓタイプは600〜700g)。豚肉は、厚さ1.5cm×長さ4cm×幅2cmくらいに切って。

〔 他の容量の鍋で作る場合は 〕

2.2ℓタイプ

材料（2人分）

鶏手羽元······6本
玉ねぎ······¼個(50g)
干ししいたけ(小)······3枚
しょうが(薄切り)······3〜4枚
にんにく(つぶす)······1かけ

A
しょうゆ・酒
······各大さじ2
砂糖······大さじ1と½
オイスターソース
······大さじ1
五香粉(ウーシャンフェン)······少々

4.0ℓタイプ

材料（4人分）

鶏手羽元······12本
玉ねぎ······½個(100g)
干ししいたけ(小)······6枚
しょうが(薄切り)······4枚
にんにく(つぶす)······2かけ

A
しょうゆ・酒
······各大さじ4
砂糖······大さじ3
オイスターソース
······大さじ2
五香粉(ウーシャンフェン)······少々

豚肉に塩をまぶして塩豚を作り、少ない水分で蒸し煮にします。
肉のうまみが凝縮したおいしさで、週末のごちそうにぴったり。

塩豚とれんこんのロースト風

できあがり
約70分

3.0ℓタイプ

材料（4人分）

豚肩ロースかたまり肉	500g
れんこん	150g
塩	大さじ1弱
砂糖	小さじ1
にんにく（薄皮付き）	2かけ
オリーブ油	大さじ1
酒	大さじ2

下ごしらえ

- **豚肉**…塩、砂糖をすり込み、ラップをぴったりと巻いてポリ袋に入れて冷蔵庫で1〜2日おき、塩豚にする。調理の前にさっと洗って水けを拭く。
- **れんこん**…大きめの乱切りにする。

作り方

1 内鍋に入れる

内鍋にオリーブ油を広げ、塩豚、にんにく、れんこんを入れ、酒をふる。

2 加熱調理スタート

```
手動メニュー
  ↓
圧力調理
  ↓
加圧時間→25分
  ↓
レバー→密封
  ↓
決定
```

★食べるときに食べやすく切り、粗挽き黒こしょうをふる。フレンチマスタードを添え、好みでつけて食べる。

> **おいしいヒント**
> - レタスやベビーリーフなど、生野菜を添えて一緒に食べてもおいしい。
> - 残ったらサンドイッチにしたり、炒めものの具にしても。

〔他の容量の鍋で作る場合は〕

2.2ℓタイプ

材料（3〜4人分）

豚肩ロースかたまり肉	400g	にんにく（薄皮付き）	2かけ
れんこん	150g	オリーブ油	大さじ1
塩	小さじ2	酒	大さじ2
砂糖	小さじ1弱		

4.0ℓタイプ

材料（5〜6人分）

豚肩ロースかたまり肉	800g	にんにく（薄皮付き）	4かけ
れんこん	300g	オリーブ油	大さじ2
塩	大さじ1と⅓	酒	大さじ3
砂糖	大さじ½		

昔ながらの魚料理が作れるようになるとうれしいものです。
圧力調理なら、骨までやわらかく仕上がります。

さんまの梅煮

 落としぶた

 できあがり 約**60**分

3.0ℓタイプ

材料（2〜3人分）

さんま	4尾
しょうが（せん切り）	½かけ
梅干し（塩分18%）	2個

A		
	酒	¼カップ
	水	½カップ
	みりん	大さじ1と½
	砂糖・しょうゆ	各大さじ1

下ごしらえ

・**さんま**…頭を切り落とし、長さ3〜4等分の筒切りにし、内臓を取り出す。洗って水けを拭く。
・**梅干し**…2〜3つにちぎる。

作り方

1 内鍋に入れる

さんまの水けをしっかり拭き、内鍋に並べる。しょうが、梅干しを加え、Aを混ぜて加える。アルミホイルで落としぶたをする。

2 加熱調理スタート

手動メニュー
▼
圧力調理
▼
加圧時間→15分
▼
レバー→密封
▼
決定

おいしいヒント

・加熱後、煮汁をさんまの上にかけ、少しおくと味がさらによくなじむ。
・加熱後、汁けが多く感じる場合は、鍋モード・火力5で軽く煮詰める。

〔 他の容量の鍋で作る場合は 〕

2.2ℓタイプ

材料（2人分）

さんま	2尾
しょうが（せん切り）	¼かけ
梅干し（塩分18%）	1個

A		
	酒	¼カップ
	水	½カップ
	みりん・砂糖	各大さじ1
	しょうゆ	小さじ2

4.0ℓタイプ

材料（4〜5人分）

さんま	6〜8尾
しょうが（せん切り）	1かけ
梅干し（塩分18%）	3〜4個

A		
	酒	½カップ
	水	¾カップ
	みりん	大さじ3
	砂糖・しょうゆ	各大さじ2

ドライパックなど便利な大豆加工品はありますが、
豆からゆでるとおいしさが違います！ 料理にも使えて便利。

ゆで大豆

できあがり
約53分

3.0ℓタイプ

材料（作りやすい分量）

大豆（乾燥） ……………………… 100g
水 ……………………………… 2と½カップ

下ごしらえ

・大豆…洗ってざるに上げ、水けをきる（長時間水につける必要はなし）。

作り方

1 内鍋に入れる

内鍋に大豆と水を入れる。

2 加熱調理スタート

手動メニュー

↓

圧力調理

↓

加圧時間→8分

↓

レバー→密封

↓

決定

おいしいヒント
・かためが好みの場合は、加圧時間を6〜7分にするとよい。
・スープや炒めものの具にもぴったり。
・五目大豆のような煮ものにしても。
・冷凍もできる。使いやすい分量ごとに小分けにして冷凍用保存袋に入れて冷凍し、1か月を目安に使いきる。

〔 他の容量の鍋で作る場合は 〕

2.2ℓタイプ

材料（作りやすい分量）

大豆（乾燥） ……………………… 100g
水 …………………………… 2と½カップ

4.0ℓタイプ

材料（作りやすい分量）

大豆（乾燥） ……………………… 200g
水 ……………………………… 4カップ

ゆで大豆とひじきのサラダ

材料（2人分）

ゆで大豆 ………………………… 100g
ひじき（水で戻してサッとゆでたもの）
……………………………………… 40g
ミニトマト（半分に切る）…… 4〜6個
きゅうり（1㎝角に切る）………… ½本
赤玉ねぎ（みじん切り）… ⅙個（35g）

●ドレッシング

> オリーブ油 ………………… 大さじ2
> 酢 ……………………………… 大さじ1
> 塩 …………………… 小さじ¼〜⅓
> こしょう ……………………………… 少々

作り方

ドレッシングの材料を混ぜ合わせ、ゆで大豆、ひじき、ミニトマト、赤玉ねぎを加えて混ぜ合わせる。

手作りすると、自分好みの甘さに加減できるのが魅力です。
小豆は少しアクが強いので、一度ゆでこぼしをしてから煮ましょう。

ゆで小豆

できあがり
約115分

3.0ℓタイプ

材料（作りやすい分量）

小豆（乾燥） ……………………… 150g
水（加熱調理①用） ……………… 2・½カップ
水（加熱調理②用） ……………… 2カップ
砂糖 ……………………………… 120g

下ごしらえ

・小豆…洗ってざるに上げ、水けをきる。

おいしいヒント

・砂糖は、小豆の重量の80％〜100％（同量）くらいが目安。好みで加減をして。
・そのままヨーグルトに入れたり、バニラアイスにかけてもよい。
・冷凍もできる。使いやすい分量ごとに小分けにして冷凍用保存袋に入れて冷凍し、1か月を目安に使いきる。
・粒あんの状態にしたい場合は、鍋モード・火力4〜5で、ときどき混ぜながら好みのかたさに煮詰める。

作り方

1 内鍋に入れる

内鍋に小豆と加熱調理①用の水を入れる。

2 加熱調理①スタート

手動メニュー
▼
温度調理→100℃
▼
調理時間→20分
▼
レバー→密封
▼
決定

小豆をざるに上げて湯をきり、新しい水（加熱調理②用）と砂糖とともに内鍋にいれる。

3 加熱調理②スタート

手動メニュー
▼
圧力調理
▼
加圧時間→40分
▼
レバー→密封
▼
決定

〔 他の容量の鍋で作る場合は 〕

2.2ℓタイプ	4.0ℓタイプ
材料（作りやすい分量）	**材料（作りやすい分量）**
小豆（乾燥） ……………… 150g	小豆（乾燥） ……………… 300g
水（加熱調理①用） ……… 2・½カップ	水（加熱調理①用） ……… 4カップ
水（加熱調理②用） ……… 2カップ	水（加熱調理②用） ……… 3カップ
砂糖 ……………………… 120g	砂糖 ……………………… 240g

餅ぜんざい

材料（2人分）

ゆで小豆……………………適量
餅（カットタイプ）…………2〜4個

作り方

餅をオーブントースターで焼いて
器に入れ、ゆで小豆を温めてか
ける。

卓上調理は楽しい！

ふたをしないで加熱する鍋モードは、卓上の鍋料理にぴったり。火力調節もできるので、
煮えたての一番おいしいところが食べられます。具を取り分けたら、そのまましめのメニューに突入！

 メインは しゃぶしゃぶ鍋 　調理時間 約15分

肉をやわらかくゆでるには、ふつふつ程度の火加減がおすすめ。
肉と野菜のうまみが出たゆで汁で水餃子をゆでるとおいしい！

3.0ℓタイプ

材料（2〜3人分）

豚しゃぶしゃぶ用薄切り肉
……………………160〜200g
水菜………………………½わ
にんじん……………½本（75g）
えのきたけ（小）……1袋（80g）

A ［ 湯…………………6カップ
　　酒………………大さじ2
　　昆布…………………1枚
　　（なければ和風顆粒だし
　　小さじ2）］

にらだれ、ポン酢しょうゆ、レモン、
　ラー油、刻みねぎなど……各適量
●しめの水餃子
水餃子（市販品）…………好みの量

下ごしらえ

・水菜…食べやすく切る。
・にんじん…ピーラーでリボン状
　に削る。
・えのきだけ…根元を切ってほぐ
　す。
・にらだれ…材料を混ぜ合わせる。

〔 他の容量の鍋で作る場合は 〕

2.2ℓタイプ

材料（2〜3人分）

豚しゃぶしゃぶ用薄切り肉
………………160〜200g
水菜………………½わ
にんじん…………½本（75g）
えのきたけ（小）
……………1袋（80g）

A ［ 湯…………………5カップ
　　酒………………大さじ2
　　昆布……1枚（なければ
　　和風顆粒だし小さじ2）］

にらだれ、ポン酢しょうゆ、
　酢じょうゆ、ラー油、
　刻みねぎなど…各適量
●しめの水餃子
水餃子（市販品）
…………………好みの量

4.0ℓタイプ

材料（2〜3人分）

豚しゃぶしゃぶ用薄切り肉
………………350〜400g
水菜…………………1わ
にんじん…………1本（150g）
えのきたけ（大）
……………1袋（150g）

A ［ 湯…………………8カップ
　　酒………………大さじ4
　　昆布*……1枚（なければ
　　和風顆粒だし小さじ2）］

にらだれ、ポン酢しょうゆ、
　酢じょうゆ、ラー油、
　刻みねぎなど…各適量
●しめの水餃子
水餃子（市販品）
…………………好みの量

作り方

1 煮汁を煮立て、野菜と肉を入れる

内鍋に**A**を入れて沸騰させ、野菜と豚肉を少しずつゆでて火を通し、好みの量とタイミングで食べる。

手動メニュー

▼

鍋モード・火力5→火力3〜4

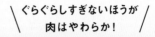
ぐらぐらしすぎないほうが
肉はやわらか！

2 好みのたれと薬味で食べる

にらだれなど好みのたれや、薬味とともに食べる。

おすすめ
にらだれ

にら(粗く刻む)	½わ
赤唐辛子(小口切り)	ふたつまみ
しょうゆ	大さじ2
酢	大さじ1
砂糖	小さじ2
しょうが(すりおろし)・鶏ガラスープの素	各小さじ1
ラー油	少々

鍋のしめは、餃子をゆでて
水餃子

ゆでたてはふっくら、
アツアツ！

具を食べ終えたら水餃子を入れ、パッケージの表示通りにゆでる。浮き上がって数分くらいすればOK。取り分けて、酢じょうゆ、ラー油などをかけて食べる。

鍋モード・火力5

メインは 担々鍋

調理時間 約15分

野菜の煮え加減はお好みで。
好きなタイミングで食べましょう。

3.0ℓタイプ

材料（2〜3人分）

豚ひき肉	200g
長ねぎ	1本
白菜	⅛個（250g）
もやし	1袋（200g）
青梗菜	1株
木綿豆腐	1丁（300g）

A
みそ	大さじ1
ごま油、豆板醤	小さじ1
にんにく（すりおろし）	小さじ½
湯	¼カップ

B
白練りごま・白すりごま・しょうゆ	各大さじ2
砂糖	大さじ1
鶏がらスープの素	小さじ2
しょうが（すりおろし）	小さじ1
湯	3〜4カップ

ラー油	適量

●しめの担々ラーメン
インスタントラーメンの麺	1〜2袋
卵	1個

下ごしらえ

・長ねぎ…幅1cmくらいの斜め切りにする。
・白菜…ざく切りにする。
・青梗菜…食べやすい長さに切る。
・豆腐…大きめに切る。

〔 他の容量の鍋で作る場合は 〕

2.2ℓタイプ

材料（2〜3人分）

豚ひき肉	150g
長ねぎ	½本
白菜	3枚
もやし	½袋（100g）
青梗菜	1株
木綿豆腐	1丁（300g）

A
みそ	小さじ2
ごま油	小さじ1
豆板醤	小さじ⅔
にんにく（すりおろし）	小さじ½
湯	¼カップ

B
白練りごま・白すりごま・しょうゆ	各大さじ1と½
砂糖	小さじ2
鶏がらスープの素	大さじ½
しょうが（すりおろし）	小さじ1弱
湯	3カップ

ラー油	適量

●しめの担々ラーメン
インスタントラーメンの麺	1袋
卵	1個

4.0ℓタイプ

材料（2〜3人分）

豚ひき肉	300g
長ねぎ	1と½本
白菜	⅙個（350g）
もやし	1と½袋（300g）
青梗菜	2株
木綿豆腐	1と½丁（450g）

A
ごま油、みそ・豆板醤	各大さじ½
にんにく（すりおろし）	小さじ1
湯	½カップ

B
白練りごま・白すりごま・しょうゆ	各大さじ3
砂糖	大さじ1と½
鶏がらスープの素	大さじ1
しょうが（すりおろし）	大さじ½
湯	6〜7カップ

ラー油	適量

●しめの担々ラーメン
インスタントラーメンの麺	2袋
卵	2個

作り方

1 ひき肉を煮る

内鍋にひき肉とAを入れて混ぜな
がら煮て、火が通ったらいったんひ
き肉だけを取り出す。

手動メニュー
▼
鍋モード・火力5

2 野菜を煮る

Bを順に加えて溶きのば
し、水を加えて沸騰させ
る。野菜を順に加え、
豆腐も加えて火を通す。

鍋モード・火力5

\ 煮え加減はお好みで /

3 ひき肉を戻す

ひき肉を戻し入れ、ラー
油をかける。くつくつ煮な
がら、取り分けて食べる。

鍋モード・火力2～3

\ いただきます！/

鍋のしめは、
麺を入れて！ **担々ラーメン**

具を食べたら、ラーメンを
煮る（水分が足りないような
ら湯を足す）。味をみて、
ラーメンのスープを加えた
り、塩などで味をととのえ
る。卵を割り入れ、好みの
加減に煮る。

鍋モード・火力4～5

\ 粗挽き黒こしょうを
ガリっとふって /

阪下 千恵　さかした・ちえ

料理研究家・栄養士。大手外食企業、食品宅配会社を経て独立。子育ての経験を活かした、作りやすくて栄養バランスのよい料理に定評があり、書籍、雑誌、企業販促用のレシピ開発、食育講演会講師など多岐にわたって活躍。毎日の料理を始め、暮らしまわりをいかに楽しく、合理的に、家族とともに関われるかを考えている。

『毎日のホットクック・レシピ』『火も包丁も使わない！はじめてのお料理BOOK 楽チンしっかりおかず編』(いずれも小社刊)、『野菜たっぷり大量消費レシピ304』『かんたん園児のおべんとう』(いずれも新星出版社)など著書も多数。

YouTubeチャンネル「MIKATA KITCEN」公開中
https://www.youtube.com/channel/UC3U7ukQOVvoBAgVVuGLqAIQ

アートディレクション・デザイン / フレーズ(宮代佑子)
撮影 / 澤木央子
スタイリング / 深川あさり
調理アシスタント / 宮田澄香　岩間明子
校正 / 高柳涼子
構成・編集 / 岡村理恵
企画・進行 / 鏑木香緒里

協力　アイリスオーヤマ株式会社
https://www.irisohyama.co.jp/support/

撮影協力　UTUWA

【読者の皆様へ】
本書の内容に関するお問い合わせは、
メール：info@TG-NET.co.jpにて承ります。

アイリスオーヤマ公認

電気圧力鍋　最強レシピ

2021年12月20日初版第1刷発行
2024年 7 月10日初版第5刷発行

著　者　阪下千恵
発行者　廣瀬和二
発行所　株式会社日東書院本社
　　　　〒113-0033
　　　　東京都文京区本郷1-33-13　春日町ビル5F
　　　　TEL：03-5931-5930(代表)
　　　　FAX：03-6386-3087(販売部)
　　　　URL http://www.TG-NET.co.jp
印　刷　三共グラフィック株式会社
製　本　株式会社ブックアート